MIGRATIONS ET DROIT INTERNATIONAL

Collection « Inter-National »

dirigée par Denis Rolland, Joëlle Chassin
Françoise Dekowski et Marie-Hélène Touzalin

Cette collection a pour vocation de présenter les études les plus récentes sur les institutions, les politiques publiques et les forces politiques et culturelles à l'œuvre aujourd'hui. Au croisement des disciplines juridiques, des sciences politiques, des relations internationales, de l'histoire et de l'anthropologie, elle se propose, dans une perspective pluridisciplinaire, d'éclairer les enjeux de la scène mondiale et européenne.

Dernières parutions

Georges LABRECQUE, *Les frontières maritimes en Afrique*, 2024.

Darío Varela FERNANDEZ, *Charles Lesca (1887-1949) au service de l'hispanisme, du fascisme et de la collaboration*, 2024.

Hervé BAUDU, *Les routes maritimes arctiques. Enjeux économiques et géopolitiques*, édition enrichie, 2024.

Nadji RAHMANIA (dir.), *La Roumanie dans l'Espace Schengen : réalité ou utopie ?*, 2024.

Bernard MOMMER, *Ressources naturelles et mondialisation : le pétrole et le Venezuela*, 2023.

Frans KRAJCBERG et Claude MOLLARD, *Le cri de la terre. De manifeste en manifeste,* 2023.

Odile DANIEL-TRAVAILLARD, *Mémoire d'Albanie. De la dictature stalinienne à la transition démocratique*, 2023.

Michel ROZE, *Dictionnaire raisonné de l'Europe. 200 mots-clés pour comprendre l'Europe*, 2023.

Edison FERREIRA DE MACÊDO, *Éducation et précarité. Les accompagnant(e)s scolaires des élèves handicapés. Brésil et France*, 2023.

Emmanuel PETOUD, *Le Lyon-Turin ferroviaire et l'aménagement du territoire : la consultation publique France-Italie*, 2023.

Barthélemy DESPRAIRIES, *Les drones aériens dans la guerre russo-ukrainienne. Missions, limites et enseignements (février-juillet 2022)*, 2023.

Leila Boussaid

MIGRATIONS ET DROIT INTERNATIONAL

L'Harmattan

5-7, rue de l'École-Polytechnique, 75005 Paris

http://www.editions-harmattan.fr

ISBN : 978-2-14-049826-8
EAN : 9782140498268

INTRODUCTION GÉNÉRALE

Les migrations, aussi loin que l'on puisse remonter dans le temps, ont toujours existé. Plus encore, elles sont considérées, à bien des égards, comme un moteur du progrès pour l'humanité. Notre ancêtre s'est déplacé hors de la région où il est né, recherchant des contrées nouvelles, poussé par la nécessité ou par la curiosité. C'est ainsi qu'il a élargi son territoire, passant de l'Afrique en Europe. C'est grâce à sa capacité à se mouvoir, à conquérir sans cesse de « nouveaux mondes », qu'au fil des siècles, l'homme est devenu maître de la terre.

Si le phénomène migratoire a toujours été observé, il faut remarquer néanmoins, qu'il revêt une importance particulière à certaines époques, plus qu'à d'autres. En effet, les migrations prennent une plus grande ampleur par la combinaison de certains facteurs économiques, politiques et sociaux. Il est souvent malaisé d'identifier la véritable cause du désir d'émigrer : les raisons politiques, sociales ou personnelles comme le goût de l'aventure, renvoient, généralement, à des considérations économiques, traduisant la volonté de mettre la main sur de nouvelles ressources, sur d'autres richesses.

Notre histoire récente est marquée par de nombreuses vagues migratoires, notamment celles du XIXe siècle. Plus près de nous, les migrations au XXe siècle n'ont pas cessé, connaissant des pics après la Seconde Guerre mondiale d'abord et durant les années 1990 ensuite ; cette dernière période est caractérisée par une mondialisation « achevée » et une globalisation de l'économie. Mais c'est, sans conteste, le XXIe siècle qui a vu s'accroître de façon tangible le phénomène migratoire.

Un rapport des Nations unies (2000) prévoyait qu'à l'horizon 2050, les pays occidentaux, en particulier les principaux pays d'accueil, seraient dans l'obligation de recourir aux migrants pour pallier leur déficit démographique et le manque de main-d'œuvre dont ils auraient nécessairement besoin pour maintenir leur croissance économique.

Au cours des deux premières décennies, les mouvements migratoires ont été constants, pour atteindre des proportions plus importantes entre 2015 et 2016. Alors qu'au cours du XXe siècle, les flux migratoires étaient composés essentiellement de travailleurs, souvent accompagnés de leur famille, on assiste, au XXIe siècle, à une diversification de leurs composantes, les réfugiés et les migrants irréguliers atteignant un nombre encore jamais égalé.

Le phénomène migratoire, avec ses nouveaux aspects, pose, plus qu'à toute autre époque, la question du développement.

Les migrations internationales qui, jusqu'ici, intéressaient en premier chef les démographes, attirent de plus en plus l'attention des économistes d'abord, des sociologues ensuite. Les économistes ont tenté de mettre en évidence la contribution des migrants à la production de richesses dans le pays hôte. Ils participent également, au développement de leur pays d'origine. Ainsi, il est apparu clairement que, si les migrations s'expliquent par le sous-développement, elles sont aussi un facteur de développement non négligeable.

Les sociologues, pour leur part, ont mis en lumière le dynamisme des communautés des migrants, des diasporas qui sont porteuses de richesse, pas seulement économiques, mais aussi culturelles et sociales. Les migrants sont devenus des entités propres qui tirent leur spécificité de leur double allégeance au pays d'accueil et au pays d'origine. Grâce à l'essor des moyens de télécommunication, ils constituent un ensemble autonome capable, à l'instar des entreprises multinationales, de contourner le pouvoir des États.

Pourtant, si la mobilité des migrants, en particulier des compétences, est source de prospérité, d'autres formes de migrations, celles à caractère illégal, peuvent, en revanche, générer des maux.

Le cadre mondial dans lequel ces mouvements migratoires s'inscrivent aujourd'hui pose une seconde question relative, celle-là, à la régulation des migrations.

Le droit international classique a montré ses limites en n'apportant, jusqu'ici, que des réponses partielles à un problème devenu mondial. Les législations adoptées au niveau national, les accords bilatéraux qui n'ont appréhendé ce phénomène que sous certains aspects, notamment, ceux liés aux migrations irrégulières, ont constitué, néanmoins, des éléments qui participeront à la formation d'un droit international des migrations. Celui-ci sera conforté par l'apport de différents instruments internationaux adoptés par l'ONU. Ceux-ci viendront compléter ceux déjà existants, dont la portée était limitée à certaines catégories de migrants, les travailleurs migrants et les réfugiés.

Les nouvelles conventions mettent au cœur de leurs préoccupations l'ensemble des migrants, réguliers et irréguliers ainsi que leurs familles.

L'idée qu'un droit international des migrations commence à voir le jour prend corps en s'appuyant sur les différents instruments juridiques signés au cours de ces dernières années. L'approche globale des migrations a fait apparaître les nouveaux défis que devrait relever la communauté internationale quant à la régulation des flux migratoires dans un cadre ordonné et sécurisé.

Pourtant, la seule action des États, à l'échelon national ou international, est manifestement insuffisante, compte tenu de l'irruption, sur la scène internationale, des migrants. Ces derniers jouent un rôle actif, au même titre que le reste de la société civile, à la production de normes.

Désormais, la nouvelle gouvernance des migrations est mondiale, elle est globale et multi-acteurs. Les juristes sont en droit de s'interroger sur la nature du droit qui s'appliquera aux migrations : sera-t-il international ou mondial ?

La particularité de ce droit en formation est le résultat d'une approche transversale des migrations impliquant une approche multidisciplinaire ; l'appréhension du fait migratoire, avec ses multiples aspects, nécessite une multiplicité d'intervention des économistes, des sociologues, des démographes, ouvrant par là même aux juristes, chacun dans son champ de compétence, une pluralité de champs d'investigation. L'ensemble de ces recherches devront converger vers un objectif commun, celui de mettre en place une gouvernance globale qui tienne compte des différents intérêts en présence : les États, les institutions internationales, les organisations de migrants ou de défenseurs des droits de l'Homme.

Le travail présenté ici porte sur le droit international des migrations et, plus précisément, sur sa formation. Il faut, de prime abord, attirer l'attention sur le fait qu'il s'agit d'une nouvelle branche du droit international, dont l'objet est la migration dans ses différents aspects. La nouveauté de cette discipline ne tient pas au fait que cette question n'ait pas été étudiée par les juristes. Elle l'a été et de nombreuses études ont été entreprises dans ce domaine. Cependant, celles-ci se sont penchées sur des points particuliers comme la situation des migrants, l'emploi et la protection sociale de ces derniers. Ces questions relèvent du droit du travail qui comprend une branche ayant trait aux aspects internationaux ; celle-ci relève, en partie, de la compétence de l'OIT. Les problèmes que soulève la condition des réfugiés ont été jusqu'ici traités dans le cadre du droit international (droits de l'homme, ou droit humanitaire). Avec l'émergence d'un droit international des migrations, c'est la mobilité des personnes qui est appréhendée comme objet d'étude. D'autres aspects sont étudiés dans ce cadre, comme la souveraineté des États et le contrôle des migrations ou encore la protection des migrants et la garantie de leurs droits humains.

Dans ce contexte, la notion de migration a pris une acception nouvelle. Par le passé, elle renvoyait au déplacement d'une personne d'un pays vers un autre, l'intention d'émigrer étant un élément supplémentaire pour la définition du migrant. Aujourd'hui, la situation est plus complexe, comme cela a déjà été évoqué plus haut. On parle désormais de mobilité des personnes, englobant une diversité de situations qui restent d'ailleurs difficiles à déterminer avec précision. Ainsi, comment, à l'heure actuelle, peut-on distinguer un migrant d'un voyageur international, à une époque où les déplacements en tout genre se sont multipliés ? De même, le réfugié, jusqu'à une date récente, était politique. Il peut être, maintenant, « économique ». Quelle est la distinction, d'un point de vue juridique, entre le réfugié économique et le réfugié climatique ? Que recouvre la catégorie des « personnes déplacées » ? À ces questions d'ordre conceptuel, qui sont d'une importance indéniable pour l'identification des migrants et de leur statut, s'ajoutent d'autres problèmes non moins importants. On citera, parmi eux, ceux relatifs au sort qu'il convient d'accorder aux enfants mineurs, accompagnés ou non de leurs parents.

Toutes ces interrogations méritent une réflexion, malgré leur difficulté. Certaines d'entre elles ont déjà été posées, mais elles doivent être reprises, en les considérant dans le nouveau contexte mondial qui se présente à nous. Ainsi, le droit de libre circulation reconnu à tous les individus, qui avait été jusqu'ici envisagé sous le seul angle du droit d'émigrer, ne devrait-il pas être appréhendé également du point de vue du droit d'immigrer ? La liste des problèmes soulevés par les migrants est encore longue, il n'y a pas grand intérêt à les recenser ici. Il suffit de souligner qu'ils constituent autant d'objets de recherche pour les juristes, à l'avenir. Ces différentes questions permettent, de plus, de mettre en lumière la spécificité de l'objet que le droit international des migrations devra régir.

Cette particularité tient également, au caractère multi-acteurs du phénomène, impliquant l'intervention de chacun d'entre eux, dans la formation de normes. La diversité des règles ainsi produites qui pourront coexister dans un espace commun, ouvrant des perspectives nouvelles, celles d'un droit mondial des migrations.

L'ensemble des règles émanant des États, des institutions internationales, des organisations non gouvernementales, des représentants des migrants, des défenseurs des droits humains, s'inscrivant dans le cadre de la gouvernance des migrations internationales, constitueront le corpus juridique d'une nouvelle branche du droit. Celle-ci, peu à peu, prendrait son autonomie, comme cela a été le cas pour d'autres, le droit du commerce international, par exemple.

La méthode suivie est l'appréhension de ce phénomène dans sa globalité, en s'intéressant de près aux différentes interrogations qu'il soulève.

La nécessité de cerner le phénomène dans toutes ses dimensions, nous a conduite, dans un premier temps à présenter le fait migratoire ainsi que les enjeux qu'il recouvre, avant de s'attarder plus précisément sur les questions juridiques et les discussions auxquelles elles ont donné lieu. L'évolution constatée, quant au phénomène migratoire et les défis à relever dans un futur, somme toute proche, nous a amenée à nous intéresser aux fondements mêmes du droit international de la migration.

Une fois le cadre juridique et institutionnel défini, de nombreuses questions méritent d'être posées. Il appartient aux chercheurs d'investir ce champ d'investigation, en privilégiant une approche multidisciplinaire ou transversale, les juristes ayant pour but de traduire au plan juridique les problèmes économiques ou sociaux liés aux migrations ou encore d'apporter les correctifs appropriés aux instruments juridiques existants.

C'est dans cette optique que notre travail se propose de présenter dans une première partie le fait migratoire à travers trois chapitres. Le premier sera consacré à déterminer du mieux possible l'ampleur du phénomène migratoire. Le second visera à mettre en lumière la diversification de la composante des flux migratoires au XXIe siècle. Enfin, le troisième tentera de mettre en exergue les liens existants entre migration et développement.

La seconde partie aura pour objectif de présenter une approche des migrations, considérées, à l'heure actuelle, comme un bien public mondial. Ce concept, novateur sous certains aspects, permet d'appréhender certains biens matériels ou immatériels dont l'existence et la portée ne peuvent plus être appréhendées uniquement dans leur dimension nationale. Bien au contraire, ces biens publics mondiaux, comme leur nom l'indique, doivent faire l'objet d'une approche globale, dépassant les limites des frontières des États. Une nouvelle gouvernance doit être envisagée pour rendre compte des richesses dont ils sont porteurs de sorte que celles-ci soient réparties de par le monde. Les maux que les biens publics mondiaux peuvent générer devront être pris en charge par l'ensemble de la communauté internationale.

Un premier chapitre sera consacré à la mobilité des compétences. Celle-ci est une source de richesse et peut être encouragée dans la mesure où tous les pays concernés ainsi que les migrants peuvent en tirer profit. Le rôle des diasporas et leur contribution au développement de leur pays d'origine attireront particulièrement notre intérêt.

Le deuxième chapitre aura pour objet la présentation des migrations irrégulières qui peuvent être à l'origine d'instabilité et d'insécurité pour les États. Les migrants, pour leur part, sont souvent victimes d'un trafic mettant leur vie en danger. Les enjeux et les défis que devra relever l'ensemble de la communauté internationale seront étudiés à travers les différentes politiques menées par les pays.

La troisième partie tentera de déterminer le cadre juridique et institutionnel des migrations internationales. L'émergence d'un droit international des migrations se manifestera d'abord par l'action normative des États.

Un premier chapitre tentera de présenter les tentatives de différentes institutions internationales de traduire au plan juridique, les problèmes que soulèvent les migrations, chacune intervenant dans son champ de compétence, l'OIT, pour ce qui est des travailleurs migrants, les Nations unies concernant les réfugiés et le droit d'asile. La mobilité des migrants et le droit de libre circulation, on le verra, sont au centre des enjeux où souveraineté des États et droits des migrants s'opposent. Aux premières conventions adoptées au niveau international s'ajoutent d'abord l'ensemble des lois relatives à l'entrée et au séjour des étrangers, édictées par les États, les accords bilatéraux qu'ils ont signés dans le cadre de la régulation des migrations, ensuite.

Le second chapitre tentera de montrer l'évolution d'un droit international en formation notamment après l'adoption de deux nouveaux instruments internationaux relatifs, l'un aux droits de tous les travailleurs migrants et de leur famille, l'autre au trafic des migrants. La signature et la ratification du pacte de Marrakech ouvriront des perspectives nouvelles marquant le passage d'un droit international à un droit mondial des migrations. Il est la traduction juridique d'une approche globale et multi-acteurs.

PREMIÈRE PARTIE

Mouvements migratoires et développement

Les mouvements migratoires ont connu, depuis ces dernières décennies, un accroissement sensible. Ils ont atteint des proportions particulièrement élevées au cours des années 2015-2016. L'accroissement du volume des flux des migrants a fait l'objet d'une évaluation par divers organismes, ceux des pays industrialisés, en particulier. Ils ont pu en donner un aperçu.

Les migrations s'effectuent surtout des pays du Sud vers ceux du Nord. Pourtant, on assiste à une augmentation croissante de ces flux, au sein des grandes régions – Afrique, Europe, Amérique latine, en particulier – (CHAPITRE I).

En même temps que l'on constate l'accroissement des migrations, on observe une diversification de leurs composantes. En plus des flux des travailleurs, s'ajoutent ceux composés de réfugiés et de migrants irréguliers dont le nombre ne cesse de croître. Les migrants qui étaient le plus souvent des hommes comptent désormais, parmi eux, des femmes et des enfants accompagnés ou non.

Ce n'est pas la seule mutation observée, une autre touche la situation des pays. Certains, qui étaient des pays d'émigration, sont devenus des pays de transit puis d'immigration. D'autres, pays d'immigration traditionnellement, voient, à leur tour, une partie de leur population quitter le territoire national, pour s'établir dans d'autres pays (CHAPITRE II).

Toutes ces migrations sont dues en partie au sous-développement des pays d'origine, qui sont le plus souvent des pays du Sud. Au sein des régions, les pays de départ sont les pays les plus pauvres ou ceux qui connaissent une instabilité politique, ces deux situations étant généralement liées. Pourtant, le phénomène migratoire n'est plus appréhendé que sous l'angle des causes inhérentes au sous-développement ; il est aujourd'hui étudié du point de vue du développement : les migrants sont considérés, à l'heure actuelle, comme des agents du développement (CHAPITRE III).

CHAPITRE I

Ampleur des migrations internationales

La migration internationale est un phénomène complexe du fait de son caractère multidimensionnel. Les migrations internationales doivent être différenciées de celles qui s'inscrivent dans un cadre national. On peut le comprendre aisément : pour ces dernières, la collecte des données s'effectue dans un cadre plus restreint. Il revient à l'État d'évaluer les mouvements des personnes d'une région à une autre (exode rural, par exemple), d'en rechercher les causes et de repenser la politique d'aménagement du territoire pour atteindre un équilibre régional et un développement national harmonieux.

La question des migrations à l'échelle internationale ou régionale apparaît d'emblée plus complexe. Elles mettent en jeu les intérêts de différents États qui vivent des situations politiques, économiques, sociales diverses. Ils adopteront (ou non) une politique migratoire particulière qui variera en fonction de leurs intérêts propres et des valeurs qu'ils entendent défendre. Les uns opteront pour une politique d'ouverture favorisant l'accueil de migrants compte tenu de la capacité de leur économie à absorber une main-d'œuvre étrangère ou de la nécessité de pallier un déficit démographique. Les autres, au contraire, préféreront une politique restrictive qui répond à la nécessité de protéger leur marché de l'emploi ou encore de préserver une certaine stabilité sociopolitique.

Les pressions migratoires en provenance des pays les plus pauvres n'ont cessé de croître, et ce depuis la fin du XXe siècle. Cependant, à l'heure actuelle, les migrations touchent l'ensemble des pays, quel que soit leur niveau de développement.

L'ampleur des migrations internationales et leur diversification ne font pas de doute si l'on prend en compte les données proposées par les Nations unies. Selon ces estimations, les migrations internationales continueront de croître tout au long du XXIe. L'ensemble des pays riches continuera d'être confronté à une pression migratoire venue des pays du Sud. C'est ainsi que les États-Unis font déjà face à une arrivée massive de migrants originaires des pays d'Amérique latine tandis que l'Europe doit faire face à la poussée d'immigrants en provenance du Maghreb, d'Afrique et du Moyen-Orient. Les crises humanitaires induites par le conflit en Syrie et au Liban n'ont fait que renforcer cet afflux de migrants.

SECTION I. QUESTIONS DE MESURE

Si les données statistiques permettant la quantification des flux migratoires existent, elles n'en demeurent pas moins imprécises et partielles à certains égards. Par ailleurs, la question de la comparabilité de ces données est souvent posée, les systèmes statistiques nationaux n'ayant pas fait l'objet d'une homogénéisation à l'échelle internationale.

1. Les difficultés dans la collecte d'informations

Les données statistiques disponibles sur les migrations internationales sont essentiellement avancées par les pays industrialisés qui disposent d'appareils statistiques satisfaisants. Ceci n'est pas toujours le cas pour les pays du Sud qui, pour une grande partie d'entre eux, ne disposent pas des moyens techniques, financiers et humains nécessaires à la collecte de l'information. En effet, celle-ci passe par des enquêtes, des recensements de population qui sont coûteux et requièrent un personnel qualifié. Recueillir les informations relève de l'administration qui doit être efficace, notamment la police aux frontières qui contrôle les entrées et sorties des personnes. Aussi, c'est sans grande surprise que la plus grande partie des données statistiques relatives aux migrations internationales sont celles présentées par des pays de l'OCDE.

Les États sont en théorie les premiers pourvoyeurs de données statistiques. Ils peuvent être relayés par un organisme régional. C'est ainsi le cas pour le Système d'observation permanente des migrations (SOPEMI). Cet organe a été créé en 1973 et était chargé d'établir des rapports annuels sur la situation des migrations au sein des pays de l'OCDE à partir des données fournies par chaque pays membre. Ces rapports visaient à améliorer la comparabilité entre les différentes statistiques nationales. Le réseau des correspondants nationaux du SOPEMI était alors composé de 11 membres puis s'est élargi à d'autres pays membres et non membres de l'OCDE. Ce réseau donnera naissance, en 1979, au groupe de travail sur les migrations qui deviendra l'organe statutaire de l'OCDE supervisant les activités du SOPEMI. L'un des objectifs essentiels du SOPEMI est l'amélioration de la collecte des données statistiques sur les migrations internationales, données qui devront être plus précises et plus fiables sur la base des rapports annuels fournis par chaque État membre et non membre de l'OCDE.

À l'heure actuelle, les pays de l'OCDE disposent d'une base de données sur les migrations internationales et sur les immigrés au sein et en dehors de l'OCDE (DIOC/DIOC-

E). Les rapports annuels du SOPEMI intitulés « Tendances des migrations internationales », publiés régulièrement depuis 1991, ont gagné en qualité. Il faut signaler à cet égard que l'insuffisance des données statistiques avait été relevée par les institutions européennes, notamment le Conseil « Justice et Affaires intérieures ». Ce dernier mettait en lumière la nécessité d'améliorer les données statistiques d'un point de vue quantitatif et qualitatif. Dans ce cadre, la Commission fait une communication au Parlement et au Conseil en 2003 dans laquelle elle propose un plan d'action pour la collecte et l'analyse des statistiques communautaires dans le domaine des migrations. Un règlement est adopté en juillet 2007 par le Parlement européen et le Conseil. Il tend à la mise en place d'un cadre destiné à améliorer les données statistiques à l'échelle communautaire sur la migration et la protection internationale[1].

Depuis 2006, les rapports du SOPEMI paraissent sous le titre *Perspectives des migrations internationales de l'OCDE.*

Il est à noter que l'ensemble des données recueillies sont généralement reprises par certaines instances internationales comme l'ONU. En revanche, pour d'autres pays du monde (Afrique, Asie, Amérique latine) les données disponibles sur les migrations internationales sont partielles, voire inexistantes. C'est le cas en particulier pour l'Afrique.

Pour l'Asie, un atelier sur les migrations internationales a été mis en place au Japon sur la base d'une coopération entre l'OCDE et l'Institut de la Banque asiatique de Développement (ADBI). Quant à l'Amérique latine, elle bénéfi-

---

[1] Règlement (CEE) N° 862/2007 du Parlement européen et du Conseil du 11 juillet 2007 relatif aux statistiques communautaires sur la migration et la protection internationale et abrogeant le règlement (CEE), n° 311/76 du Conseil relatif à l'établissement de statistiques concernant les travailleurs étrangers.

cie à l'initiative du Secrétariat de l'OCDE *Sistema Continuo de Reportes de Migracion Laboral de las Americas* (SICREMI) dont le premier rapport devait être publié en 2011. Ce système a pour objectif d'effectuer un suivi continu des migrations de travailleurs au sein du continent américain[1].

En revanche, l'Afrique enregistre un retard certain en matière de collecte de statistiques qui ne permet pas de prendre la pleine mesure des mouvements migratoires de ce continent vers les autres pays du monde ou à l'intérieur même du continent.

> « *The overall objective of the ILO/EU Africa labour migration cooperation project is sustain government and social partner capacities for managing labour migration and instruments development and regional integration. As a part of its activities, the project will elaborate frameworks and mechanisms for the development of comprehensive migration policies contribution to the ongoing processes of regional integration, its capacities building on the facilitation of social dialogue, regional seminars, intra-regional exchanges and advices. As a basis for these activities, the project will first understand several research studies the issues of migration data and statistics*[2]. »

Le réseau des membres correspondants de l'OCDE, qui se cantonnait aux pays européens, s'est élargi à l'Amérique du Nord, à l'Australie puis à un grand nombre d'autres pays, ce qui a mis en lumière l'hétérogénéité des systèmes statistiques nationaux. La comparabilité des statistiques à l'échelon régional et international est devenue dès lors une question cruciale.

---

[1] « Les Migrations internationales et le SOPEMI », www.oecd.org/migrations/pmi, OCDE, 2011.

[2] BIT, « Labour migration for integration and development in Africa International program », Geneva, 6 juin 2007, http//migration – Africa. Itcilo. Org/studies/study_list.

2. Comparabilité des systèmes statistiques nationaux en question

Un grand nombre d'organismes proposent des informations chiffrées en matière de migration, mais les approches utilisées ne sont pas toujours les mêmes et posent dans certains cas la question de leur « comparabilité ».

Ainsi, certaines données présentées par le BIT répondent à une démarche particulière. Elles donnent un aperçu des migrations internationales qui prennent en considération certains critères, en particulier ceux liés à la réduction des programmes de pauvreté. Selon cette organisation, le nombre de travailleurs migrants dans le monde s'élèverait à 105 millions à l'heure actuelle.

L'étude intitulée « *La migration internationale de main-d'œuvre : une approche fondée sur les droits* » focalise son attention, entre autres, sur le déficit de travail décent (conditions de travail dangereuses, inexistence de protection sociale, faible rémunération, discrimination et xénophobie).

Indicateurs de migration : pays couverts par un DSRP, un PPTD[1] et un Plan d'action de l'EU[2]

	DSRP*	PPTD	Plan d'action de l'UE	Taux net de migration 2000-2005	Part de la diaspora 2000	Expatriés dans un pays de l'OCDE 2000	Migrants hautement qualifiés employés dans un pays de l'OCDE 2000	Stock de migrants 2005
				Pour mille habitants	% de la pop.	% de la pop.	% hautement qualifiés	% de la pop.
Bénin	x			2.53	9.3	0.4	11.3	2.1
Burkina Faso	x			1.63	11.3	0.2	2.6	5.8
Burundi	x			5.46	6.2	0.4	8.5	1.3
Cameroun	x			0.17	1.1	0.8	17.2	0.8
Cap-Vert	x			-2.09	45.8	25.1	67.5	2.2
Rép. centrafricaine.	x			-2.30	3.0	0.3	7.1	1.9
Tchad	x			6.03	3.9	0.1	2.4	4.5
Comores	I			-2.67	6.9	3.8	21.2	8.4
Congo	I			-0.75	15.9	3.0	22.2	7.2
Côte d'Ivoire	I			-4.26	1.1	0.7	5.7	13.1
Congo, Rép. dém. du	x			-1.20	1.7	0.6	13.7	0.9
Djibouti	x			-2.60	2.6	0.7	11.0	2.6
Égypte		X		-1.30	3.2	0.9	4.6	0.2
Éthiopie	x			-0.41	0.4	0.5	10.1	0.7
Gambie	x			4.40	3.9	3.3	63.3	15.3
Ghana	x			0.11	4.9	2.2	46.9	7.5
Guinée	x			-6.71	7.2	0.5	11.3	4.3
Guinée-Bissau	I			0.16	9.4	2.2	24.4	1.2
Kenya	x			-1.30	1.5	1.6	38.4	1.0
Lesotho	x	X		-4.02	2.9	0.1	4.3	0.3
Libéria	I			-15.41	2.9	3.5	45.0	1.5
Madagascar	x			0.00	0.9	0.5	7.6	0.3
Malawi	x			-0.33	1.3	0.3	18.7	2.2
Mali	x			-2.13	13.3	1.0	15.0	0.3
Mauritanie	x			2.10	4.4	1.2	11.8	2.1
Maroc		X		-2.60	8.9	7.6	17.0	0.4
Mozambique	x			-0.21	4.7	0.9	45.1	2.1
Niger	x			-0.16	4.6	0.1	6.0	0.9
Nigeria	x			-0.27	0.9	0.6	10.7	0.7
Rwanda	x			1.06	3.1	0.4	26.0	1.3
Sao Tomé-et-Principe	x			-2.70	15.2	5.6	22.0	4.8
Sénégal	x			-1.82	5.1	2.8	17.7	2.8

[1] Documents de Stratégie pour la Réduction de la Pauvreté et Programmes de Promotion du Travail décent.

[2] Lucas R. E. B., « Intégrer les questions migratoires dans la planification du développement », in *Cahiers des migrations internationales,* n° 93F, Programme des migrations internationales, BIT Genève, 2009, p. 7-9, http://www.ilo.org/global/lang--fr/index.htm

Sierra Leone	x			17.47	2.1	2.2	52.5	2.2
Tanzanie	x	X		-1.89	0.7	1.1	35.6	2.1
Tunisie			x	-0. 40	6.4	5.4	12.5	0.4
Ouganda	x			-0.11	0.8	0.5	12.4	1.8
Zambie	x	x		-1.16	2.4	0.8	16.8	2.4
Afghanistan	I			15.97	12.2	1.5	23.3	0.1
Arménie	x	x	x	-6.56	25.1	3.4	8.8	7.8
Azerbaïdjan	x	x	x	-2.42	16.8	0.7	2.0	2.2
Bangladesh	x			-0.52	5.0	0.4	4.3	0.7
Bhoutan	x			0.00	0.6	0.0	0.6	0.5
Cambodge	x			-0.15	2.4	4.0	18.3	2.2
Géorgie	x		x	-10. 79	3.3	3.4	15.5	4.3
Indonésie	I	x		-0.93	0.9	0.2	2.1	0.1
Israël			x	4.94	15.8	4.1	7.9	39.6
Jordanie		x	x	3.75	13.3	2.8	7.2	39.0
Kazakhstan		x		-8.04	23.0	0.4	1.2	16.9
Kirghizistan	x	x		-2.94	12.1	0.2	0.7	5.5
Rép. dém. pop. Lao	x			-0.24	6.7	10.0	37.4	0.4
Liban			x	-2. 01	16.6	15.0	38.6	18.4
Mongolie	x	x		-3.89	0.3	0.4	1.1	0.3
Népal	x			-0.78	4.4	0.3	5.3	3.0
Pakistan	x			-2.41	2.4	1.0	12.6	2.1
Territoires palestiniens			x	-2. 34	33.4	2.9	7.2	45.4
Sri Lanka	x			-1.57	5.0	2.8	29.7	1.8
Tadjikistan	x	x		-10.90	13.4	0.1	0.4	4.7
Timor-Leste	x			19.17	3.3	3.4	15.5	0.6
Ouzbékistan	I			-2.34	9.4	0.2	0.7	4.8
Vietnam	x			-0.49	2.6	3.4	27.1	0.0
Yémen	x			-1.03	3.3	0.4	6.0	1.3
Argentine		x		-0.53	1.7	1.0	2.5	3.9
Bolivie	x			-2.29	4.7	1.7	5.8	1.3
Dominique	x			-9.38	53.9	40.8	64.2	5.7
Rép. dominicaine		x		-3.26	10.9	13.1	21.6	1.8
El Salvador		x		-1.20	16.1	20.0	31.0	0.3
Grenade	I			-11.74	84.8	53.7	85.1	10.5
Guyana	x			-10.70	50.3	42.1	89.0	0.1
Haïti	I			-2.55	9.4	11.5	83.6	0.4
Honduras	x	x		-0.88	5.6	8.1	24.4	0.4
Nicaragua	x			-3.83	10.4	8.9	29.6	0.5
Panama		x		0.50	6.3	6.1	16.0	3.2
Albanie	x	x		-6.46	26.3	8.4	9.0	2.6
Bosnie-Herzégovine	x	x		2.06	31.9	15.8	23.9	1.0
Bulgarie		x		-1.27	11.4	7.6	6.6	1.3
Rép. de Moldavie	x	x	x	-1.89	15.5	1.2	3.4	10.5
Roumanie		x		-1.37	4.7	3.7	11.8	0.6
Serbie et Monté-négro	x			-1.90	15.9	9.5	13.6	4.9
Macédoine, ARYM	I			-0.99	12.8	17.4	29.1	6.0
Ukraine		x	x	-2.93	11.8	2.2	3.5	14.7

Pays sélectionnés ayant une population de plus d'un million d'habitants et de forts taux de migration, non couverts par un DSRP, un PPTD ou un Plan d'action de l'UE[1]

	Pourcentage de la population	
	Diaspora (2000)	Stock de migrants (2005)
Belarus	17.8	12.2
Costa Rica	2.8	10.2
Érythrée	15.3	0.3
Jamaïque	36.8	0.7
Malaisie	3.4	6.5
Maurice	14.7	1.7
Mexique	10.3	0.6
Namibie	1.3	7.1
Territoires palestiniens	33.4	45.4
Philippines	4.5	0.5
Russie, Fédération de	8.3	8.4
Rép. arabe syrienne	2.6	5.2
Trinité-et-Tobago	25.7	2.9

Le SOPEMI, sous l'égide du Groupe de travail sur les migrations de l'OCDE, a déployé des efforts constants pour améliorer la comparabilité des données recueillies dans les différents États membres et non membres de l'OCDE. Il a pu ainsi effectuer un suivi des mouvements migratoires à travers le monde et mettre en lumière les liens existants entre migrations et développement.

La question de la comparabilité des données s'est posée au moment où les pays comme les États-Unis, le Canada, l'Australie et la Nouvelle-Zélande ont rallié le réseau des correspondants nationaux de l'OCDE. Il est apparu très clairement que les statistiques proposées ne répondaient pas à la même approche que celle adoptée par les pays européens. Les concepts utilisés étaient différents : immigré/étranger, migration permanente/temporaire, regroupement familial/famille accompagnante. À l'heure actuelle, le SOPEMI propose une grille de critères auxquels les données recueillies doivent répondre, ce qui permet de renforcer l'efficacité de la comparabilité de ces données. Malgré

[1] *Idem.*

ces efforts déployés pour une généralisation des problématiques, la présentation au cas par cas est encore de mise dans certains pays. Ainsi, on a pu noter qu'un grand nombre de pays européens présentaient des chiffres relatifs aux volumes globaux d'immigrations tandis que les pays d'Amérique du Nord et l'Australie précisaient le niveau de qualification de leurs immigrants.

Au-delà des différences constatées, c'est la question des définitions des concepts utilisés qui reste posée : quelle est la définition qu'il convient de donner aux migrants ? Une étude réalisée par les Nations unies[1] mettait en lumière la nécessité de différencier le migrant du voyageur international, en recourant à un critère unique susceptible d'être utilisé par l'ensemble des États. Il s'agit de déterminer à partir de quel laps de temps une personne établie dans un État autre que le sien aura le statut de migrant. Un consensus autour d'une définition unique semble difficile à réaliser. La définition du migrant telle que proposée par le directeur du BIT dans son rapport de 1948 met en jeu plusieurs éléments, dont celui relatif à « l'intention » de migrer ; il constitue un critère essentiel. Plus tard, la Commission de la population et la Commission des statistiques ont adopté des recommandations proposant une définition des migrants internationaux « Les migrations internationales comportent tous les mouvements internationaux de migrations à l'exception du trafic touristique[2] ».

La faiblesse, voire l'inexistence, des appareils statistiques dans les pays du Sud, constitue une autre source de difficulté. Les données statistiques disponibles sont plus souvent celles fournies par les pays industrialisés, notamment par l'OCDE. Certains auteurs ont pu mettre en cause

---

[1] « Amélioration des statistiques relatives à l'exode du personnel qualifié des P.V.D vers les P.D. », Rapport technique, ONU, New York, 1980, SER F 130.
[2] « Principes et recommandations concernant le recensement de population de 1970 », Bureau des statistiques des Nations unies des affaires économiques et sociales, New York, 1968, St/Stat/SERIM/44

l'objectivité des informations proposées. Celles-ci sont souvent liées à une approche plutôt libérale ou à des intérêts défendus par ces mêmes pays. Sur ce point, c'est autour des enjeux liés aux migrations, et en particulier l'apport des migrants à l'économie des pays d'accueil, que les critiques se sont élevées[1].

Malgré les quelques réserves émises quant aux concepts et critères utilisés pour quantifier les flux migratoires, il est possible d'avancer sans risque de se tromper que le XXIe siècle verra un accroissement tangible des mouvements migratoires à l'échelle internationale. Ceux-ci sont observés aussi bien entre les régions qu'à l'intérieur de celles-ci.

SECTION II. MOUVEMENTS MIGRATOIRES INTRA ET INTER-RÉGIONAUX EN AUGMENTATION

Selon les projections de Nations unies, les migrations seront en augmentation entre 2000 et 2050. Entre 1970 et 2000, la population mondiale augmente de 66 %, mais cette hausse n'est pas répartie de manière égale entre les régions. En effet, l'Europe de l'Ouest est marquée par un taux de fécondité très bas et l'accroissement de sa population n'est que de 16 % alors que l'Asie (hormis le Japon) connaît une croissance démographique de 60 %, l'Amérique latine de 86 %, l'Afrique subsaharienne de 122 %, et enfin l'Amérique du Nord (hors Mexique) de 35 %.

Le vieillissement de la population des pays de l'OCDE entraînera nécessairement le recours à l'immigration. C'est dans ce sens que la Division de la population des Nations unies a publié un rapport sur les migrations de remplace-

[1] Bhagwati J., « Le transfert inverse de technologie : son ampleur, ses conséquences et ses incidences en matière de politique générale », Conseil du commerce et du développement, CNUCED, Nations unies, 1977, TD/B/C.6/7.

ment. Quelques chiffres montrent l'acuité du problème auquel est confrontée une grande partie des pays de l'OCDE. Les projections des Nations unies indiquent qu'entre 1995 et 2050, la population du Japon et celle de quasiment tous les pays d'Europe diminueront. Par exemple, en Italie, l'âge médian passera de 41 ans en 2000 à 53 ans en 2050. Il est prévu qu'à l'instar de l'Italie, l'Estonie et la Bulgarie perdront entre un quart et un tiers de leur population. Selon ce même rapport, la migration de remplacement sera nécessaire pour que les pays de l'OCDE et l'Europe en particulier puissent retrouver le niveau de la population enregistré dans les années 1990[1].

1. Les migrations à partir des années 1990

À partir des années 1990, on observe un accroissement des mouvements migratoires à travers le monde. Différentes instances internationales ont présenté des données chiffrées sur les volumes des migrations internationales qui permettent d'avoir un aperçu de l'évolution de ce phénomène qui connaît un accroissement tangible. Les données fournies par un certain nombre d'études permettent de vérifier cette tendance, qu'il s'agisse des flux migratoires entre les différentes régions du monde ou à l'intérieur de celles-ci.

Le processus de mondialisation et de régionalisation a eu un impact certain sur l'accroissement des mouvements migratoires. Les principaux pays d'immigration sont les pays les plus industrialisés comme l'Europe et l'Amérique du Nord. On constate une augmentation des flux migratoires en Europe, qu'il s'agisse de ceux qui affectent la région elle-même ou de ceux provenant d'autres régions.

---

[1] Rapport sur les migrations de remplacement, Division de la population, Nations unies, https://www.un.org/press/fr/2000/20000320.pop713.doc.html, 20 mars 2000.

Certains pays d'Europe ont toujours constitué des terres d'immigration, cela pour des raisons historiques et géographiques. Les liens étroits qui continuent d'unir les anciennes puissances coloniales et leurs colonies d'un côté, la proximité des régions d'émigration, comme le Maghreb et l'Afrique, d'un autre côté, favorisent les migrations vers l'Europe.

Effectifs de personnes étrangères par nationalité, 1975, 1982 et 1990, France (milliers)

				Dont femmes		
	1975	1982	1990	1975	1982	1990
Portugal	758.9	767.3	645.6	350.4	361.6	300.4
Algérie	710.7	805.1	619.9	227.6	310.5	256.2
Maroc	260.0	441.3	584.7	69.5	172.4	257.8
Italie	462.9	340.3	253.7	202.5	147.3	109.0
Espagne	497.5	327.2	216.0	235.1	154.5	103.7
Tunisie	139.7	190.8	207.5	43.2	72.0	87.1
Turquie	50.9	122.3	201.5	13.1	51.8	89.6
Pologne	93.7	64.8	46.3	50.1	37.9	28.4
Yougoslavie	70.3	62.5	51.7	29.6	28.7	23.9
Autres pays	397.8	592.6	780.7	160.6	257.9	363.1
TOTAL Dont : CEE	3 442.4 1 869.9	3 714.2 1 594.8	3 607.6 1 308.9	1 381.7 854.1	1 594.6 739.4	1 619.2 609.5
TOTAL FEMMES	1 381.7	1 594.6	1 619.2			

Source : OCDE, *Tendances et perspectives des migrations internationales*, 2002.

Effectifs de personnes étrangères par nationalité, 1981-1990, Belgique (en milliers)

											Dont	Fem-mes
	1981	**1982**	**83**	**1984**	**1985**	**1986**	**1987**	**1988**	**1989**	**1990**	**1988**	**1989**
Italie	276.5	273.0	270.5	269.3	252.9	251.8	241.1	241.0	240.5	241.1	107.8	107.6
Maroc	110.2	115.1	119.1	123.2	123.6	126.0	132.6	135.5	138.4	141.6	63.1	64.5
France	103.7	103.6	103.1	103.2	92.3	92.7	90.9	91.4	92.2	94.2	45.9	46.3
Turquie	66.1	68.4	70.0	72.5	74.2	76.1	77.5	79.5	81.8	84.9	38.4	39.5
Pays-Bas	65.5	65.3	65.6	66.3	59.6	60.2	59.3	60.5	62.4	65.2	25.4	26.3
Espagne	57.8	57.0	56.0	55.1	51.2	50.7	52.8	52.6	52.4	52.2	24.9	24.8
Allemagne	26.7	27.2	27.5	27.6	24.3	24.4	26.0	26.4	26.7	27.5	12.2	12.3
Royaume-Uni	22.6	22.6	22.3	22.3	20.8	20.9	21.8	21.8	21.9	23.3	10.2	10.2
Grèce	21.4	21.3	21.0	20.8	19.3	19.2	20.4	20.6	20.7	20.9	9.5	9.5
Portugal	10.5	10.4	10.4	10.4	9.5	9.9	12.2	13.5	15.1	16.5	6.4	7.2
Zaïre	9.2	9.6	9.5	9.4	8.9	9.0	10.7	10.9	11.2	12.0	4.9	5.1
Etats-Unis	11.1	10.7	10.9	11.2	11.0	11.0	12.6	11.6	11.5	11.7	6.1	6.0
Algérie	10.9	10.9	10.8	10.8	10.0	10.1	10.5	10.6	10.6	10.7	4.5	4.5
Tunisie	6.9	6.9	6.8	6.8	5.9	5.9	6.2	6.2	6.2	6.3	2.2	2.2
Yougoslavie	5.9	5.9	5.6	5.3	4.7	4.6	5.5	5.4	5.5	5.8	2.5	2.6
Luxembourg	6.0	5.8	5.8	5.7	5.1	5.0	4.7	4.8	4.7	4.6	2.0	2.0
Danemark	1.9	1.9	1.9	1.9	1.9	2.0	2.1	2.3	2.4	2.5	1.2	1.3
Irlande	1.0	1.1	1.1	1.3	1.2	1.3	1.6	1.8	2.0	2.4	1.0	1.1
Canada	1.4	1.4	1.4	1.5	1.3	1.3	1.6	1.5	1.6	1.6	0.8	0.8
Autres pays	70.4	73.1	71.6	73.0	68.8	71.1	72.4	70.9	73.0	79.5	30.8	32.0
TOTAL	885.7	891.2	890.9	897.6	846.5	853.2	862.5	868.8	880.8	904.5	399.8	405.8
Dont : CEE	593.6	589.2	585.2	583.9	538.1	538.1	532.9	536.7	541.0	550.4	246.5	248.6
Total Femmes	402.8	405.9	406.7	410.1	386.5	391.1	395.6	399.8	405.8	415.4		

Source : OCDE, *Tendances et perspectives des migrations internationales*, 2002.

Groupes socio-économiques, par sexe et nationalité, au Royaume-Uni en 1990 (en milliers)

	Spécialistes, chefs d'entreprises, cadres	Autres employés	Ouvriers et manœuvres	Autres	Total
Total					
Toutes nationalités	5 792	8 840	11 833	193	26 658
Royaume-Uni	5 526	8 507	11 326	182	25 541
Étrangers	230	268	426	10	933
CEE (sauf l'Irlande)	36	43	72		150
Irlande	64	96	158		322
Reste du monde	130	129	195		460
Hommes					
Toutes nationalités	4 268	2 760	7 923	140	15 090
Royaume-Uni	4 076	2 650	7 609	131	14 466
Étrangers	165	87	262		520
CEE (sauf l'Irlande)	26	12	41		79
Irlande	43	27	107		181
Reste du monde	96	48	114		259
Femmes					
Toutes nationalités	1 524	6 080	3 910	54	11 568
Royaume-Uni	1 450	5 858	3 717	50	11 075
Étrangers	64	182	164		413
CEE (sauf l'Irlande)	11	31	31		73
Irlande	20	69	52		142
Reste du monde	33	82	81		199

[1] Moins de 10 000.

Source : Labour Forces Survey (LFS) *in* OCDE, *Tendances et perspectives des migrations internationales*, 2002.

Informations disponibles sur les effectifs de population étrangère en Finlande par nationalité au 1er novembre 1991

1. Europe	23 357
Dont :	
Suède	6 270
Norvège	520
Danemark	502
Grande Bretagne	1 343
Pologne	688
Allemagne occidentale	1 605
Ex-URSS	8 697
2. Asie	4 188
Dont :	
Iran	480
Chine	527
Turquie	493
Viêt-Nam	421
3. Afrique	2 390
Dont :	
Maroc	441
Somalie	755
4. Amérique du Nord	1 997
Dont :	
Canada	398
États-Unis	1 599
5. Amérique latine	473
6. Océanie	323
7. Nationalité non connue et apatrides	1 890
Total	34 618

Source : Population Registre Centre *in* OCDE, *Tendances et perspectives des migrations internationales*, 2002.

Des migrations au sein de l'Europe ont été observées tout au long des années 1980-90. Des migrations importantes en provenance des pays de l'Est ont été notamment recensées au cours des années 1990.

« Depuis 1989, l'Europe centrale et orientale constitue un nouvel espace migratoire. À cause de l'importance prise par les flux entre des pays voisins, partageant des traditions historiques, culturelles et économiques communes, c'est la régionalisation des mouvements qui prédomine, renforcée par les tensions sociales et ethniques qui entraînent d'importants mouvements de populations[1]. »

---

[1] SOPEMI « Tendances des migrations internationales-rapport 1996 », OCDE, Paris, 1997, p. 50.

L'importance de ces flux migratoires à caractère économique et politique s'explique notamment par l'effondrement de l'Union soviétique dont un grand nombre de ressortissants, en particulier des scientifiques et des chercheurs, ont émigré pour s'établir dans un pays de l'Europe de l'Ouest. D'autres pays de l'Est connaissent le même phénomène. Une attention particulière doit être accordée au cas de la Pologne. Cette dernière a vu dans un premier temps ses travailleurs qualifiés et non qualifiés quitter leur territoire pour y revenir dans un second temps, attirés par les conditions économiques et politiques nouvelles qui leur étaient offertes. Par ailleurs, l'Europe a accueilli un grand nombre de migrants venant du Maghreb, concurrençant ainsi ceux des pays de l'Est. Il faut constater pour le Maghreb, et en particulier pour l'Algérie, que toutes les catégories professionnelles sont concernées.

L'Amérique du Nord pour sa part, a dû elle aussi faire face à une arrivée massive d'immigrants originaires d'Amérique latine dont une proportion importante est représentée par des Cubains, des Mexicains et des Argentins. Cette région a vu croître aussi le nombre de travailleurs et d'étudiants en provenance des pays du Moyen-Orient et aussi, fait nouveau, du Maghreb.

Entrées de migrants permanents suivant la région d'origine, 1980-1990, CANADA (milliers)

	1980	1981	1982	1983	1984	1985	1986	1987	1988	1989	1990
Afrique et Moyen-Orient	9.1	10.3	9.9	7.6	8.6	9.0	12.3	19.8	22.3	31.0	38.2
Asie et Pacifique	69.3	45.7	38.5	34.2	38.0	34.3	35.3	57.9	70.0	76.5	89.3
Amérique (sauf États-Unis)	13.6	15.8	17.2	15.7	13.8	15.5	21.6	28.9	22.4	25.5	28.4
États-Unis	9.9	10.6	9.4	7.4	6.9	6.7	7.3	8.0	6.5	6.9	6.1
Europe	41.2	46.3	46.2	24.3	20.9	18.9	22.7	37.6	40.7	52.1	51.7
TOTAL	143.1	128.6	121.1	89.2	88.2	84.3	99.2	152.1	161.9	192.0	213 6

Source : OCDE. *Tendances et perspectives des migrations internationales*, 2002.

L'Australie, traditionnellement terre d'accueil, continue de recevoir un grand nombre d'immigrants originaires de toutes les parties du monde et notamment d'Europe et d'Asie. Il faut noter un accroissement sensible de la part des Africains dans le volume des flux migratoires. Enfin, l'immigration de main-d'œuvre peu qualifiée et de scientifiques en provenance d'Asie perdure : Chinois et Coréens en constituent une part importante.

Population immigrée suivant le pays ou la région d'origine, 1971,1981, 1986-1991, AUSTRALIE (en milliers)

	1971	1981	1986	1987	1988	1989	1990	1991
Europe	2 195.5	2 232.5	2 221.8	2 369.1	2 387.9	2 408.4	2 408.3	2 195.5
Royaume-Uni et Irlande	1 088.2	1 132.6	1 127.2	1 186.8	1 198.2	1 212.7	1 249.4	1 222.0
Italie	289.5	275.9	261.9	271.5	269.6	267.6	263.7	261.6
Yougoslavie	129.8	149.3	150.0	160.7	163.4	163.9	166.3	167.2
Grèce	160.2	146.6	137.6	147.8	148.7	148.9	146.0	145.8
Allemagne	110.8	110.8	114.8	121.3	122.0	122.6	120.9	121.0
Autres pays	418.0	417.5	430.2	481.0	486.0	492.7	492.0	492.8
Asie	167.2	371.6	536.2	609.3	671.9	744.7	823.3	898.3
Nouvelle Zélande	80.5	176.7	211.7	230.5	250.9	277.6	288.9	287.5
Afrique	61.9	90.2	108.5	153.2	164.7	173.8	179.3	186.1
Amérique	55.8	96.2	116.5	125.2	134.4	143.9	150.5	158.2
Autres	17.5	36.3	52.8					
Total	2 579.3	3 003.8	3 247.4	3 487.3	3 609.8	3 748.4	3 850.3	3 940.5

Source : OCDE, *Tendances et perspectives des migrations internationales*, 2002.

Si les pays industrialisés constituent la part essentielle des terres d'immigration, d'autres, à partir des années 1980, sont apparus comme des destinations privilégiées. C'est le cas des pays du Golfe.

Les migrations de travailleurs de pays arabes et du Maghreb vers les pays du Golfe continuent d'être observées de même que les migrations d'Asiatiques (Japonais, Coréens, Philippins et Indiens). De plus, les migrations de travailleurs semi-qualifiés ou hautement qualifiés originaires d'Europe ou d'Amérique du Nord se sont amplifiées. Le nombre important des projets de développement dans les Émirats arabes, la dissémination des activités de production et de distribution des firmes multinationales à travers le monde, et dans les PED en particulier, sont les raisons essentielles de cet accroissement.

En Asie, le Japon demeure le pays de destination privilégié pour les travailleurs des États voisins, notamment la Corée. Mais le Japon est aussi un pays d'émigration qui fournit en particulier un personnel hautement qualifié qui se dirige d'abord vers les pays du Moyen-Orient, mais aussi dans d'autres parties du tiers monde, au Maghreb par exemple. Concernant l'Afrique, il ne semble pas possible, compte tenu des données existantes, de procéder à une évaluation des flux migratoires conforme à la réalité.

Il semble, malgré le peu de données fiables, que l'Afrique du Sud soit l'un des principaux pays d'immigration, au même titre que le Zimbabwe et le Nigeria. On peut en outre remarquer la persistance de courants migratoires d'hommes d'affaires, venus d'Europe le plus souvent, qui séjournent plus ou moins longtemps dans des pays comme le Gabon, le Sénégal et la Côte d'Ivoire. Il s'agit de migrations traditionnelles liées à l'histoire coloniale de ces États.

Malgré le manque et l'imprécision des données, le constat le plus fréquent est que les migrations internationales n'ont cessé d'augmenter durant ces vingt dernières années, affectant l'espace régional et mondial.

Les changements profonds qui touchent les mouvements de migrants au cours des années 1990 vont imprimer au paysage migratoire une nouvelle physionomie qui se renforcera tout au long des décennies suivantes (1990-2015). L'accroissement des migrations à l'échelle régionale et internationale se vérifiera durant cette période malgré un ralentissement à la fin des années 2000, ralentissement dû à la crise économique qui touche alors le monde.

2. Nouvelles tendances des migrations internationales (2000-2015)

Selon les données présentées par l'Organisation des Nations unies les flux migratoires vers les pays de l'OCDE ont connu une augmentation sensible. Quelques chiffres nous permettront d'en donner les nouvelles tendances. On observe un accroissement des mouvements migratoires au cours de ces vingt dernières années.

> « Les migrations internationales à caractère permanent ou temporaire continuent de s'accroître en 2005. Dans l'ensemble, pour les 17 pays pour lesquels il existe des données comparables sur les migrations à « caractère permanent », les flux ont augmenté de 11 % en 2005 comparés à 2004. Pour les autres pays de l'OCDE, cet accroissement se situe aux alentours de 10 % pour la même période, en grande partie dû aux flux importants enregistrés en Espagne. Parallèlement, on observe des mouvements temporaires de grande ampleur, notamment en Australie, au Canada, en Nouvelle-Zélande, en Suisse et au Royaume-Uni, pays à forte immigration permanente[1]. »

On estime que le nombre de migrants internationaux a augmenté de 50 % entre 1990 et 2013. Ces flux ont connu un ralentissement ponctuel à partir de 2008 dû à la crise économique pour enregistrer une augmentation nouvelle à partir de 2013/2014.

> « De 2010 à 2013, l'augmentation du nombre de migrants internationaux a ralenti jusqu'à environ 3,6 millions par an. Pendant cette période, l'Europe en a reçu le plus grand nombre (1,1 million par an), suivi de l'Asie (un million) et l'Amérique du Nord (0,6 million). L'Afrique a enregistré une augmentation annuelle de 0,5 million, malgré une forte diminution du nombre de réfugiés[2]. »

---

[1] OCDE, « Rapport sur les perspectives des migrations internationales », 2007, p. 22.

[2] Note sur les migrants publiée par le Conseil pontifical pour la pastorale des migrants et des personnes en déplacement à l'occasion de la publication du message du pape François pour la Journée mondiale du migrant et du réfugié,

Enfin, des données récentes indiquent l'accroissement des migrations internationales au cours de l'année 2014. Les années 2012-2014 correspondent, selon un grand nombre d'experts, à la reprise de l'activité économique au niveau mondial.

Les migrants sont au nombre de 232 millions en 2013, soit une augmentation de 77 millions. La plus grande partie d'entre eux se dirigent vers les pays du Nord (59 % soit 136 millions). Le reste (41 % soit 96 millions) s'établit dans les pays du Sud. 60 % des migrants vivant dans le Nord sont originaires des pays en développement : ils représentent près de 136 millions. 40 % (54 millions) viennent d'autres pays développés. Dans les pays du Sud, 86 % des migrants qui y sont établis viennent d'autres pays en développement et seuls 14 % (14 millions) sont originaires des pays du Nord.

Les principaux pays d'immigration demeurent les pays les plus industrialisés, notamment ceux d'Europe et d'Amérique du Nord. La principale observation qui mérite d'être relevée est l'augmentation des migrations à l'intérieur même des régions.

L'Europe connaît une légère augmentation du nombre d'immigrants venue d'autres régions du monde. En revanche, les flux migratoires en provenance des pays tiers restent importants : ils représentent une augmentation de 1,2 million de personnes par an en moyenne pendant la période 2007-2012, mais la plus grande partie des mouvements migratoires s'effectue à l'intérieur de la zone de libre circulation.

On a observé une augmentation de ces migrations à partir de 2010, augmentation évaluée à près de 10 % pour l'année 2012. L'Allemagne, et dans une moindre mesure l'Italie et l'Espagne constituent les principaux pays

---

le 17 janvier 2016, *in* https://fr.zenit.org/articles/les-chiffres-des-migrations-dans-le-monde/

d'immigration. Viennent ensuite la Suisse, l'Autriche, l'Irlande et les Pays-Bas[1].

Les États-Unis, malgré une légère baisse du nombre de leurs immigrants durant ces dernières années, demeurent néanmoins le principal pays d'immigration de l'OCDE. En 2012, ils ne connaissent pas une hausse mais enregistrent néanmoins une stabilité quant au nombre de migrants permanents entrés sur leur territoire. En revanche, l'Australie a connu une croissance régulière au cours des cinq dernières années.

Les principaux pays d'émigration sont la Chine avec 10 %, suivi de la Roumanie avec 5,6 % et de la Pologne avec 5,4 %. Ces migrants se dirigent vers les pays de l'OCDE. On remarque que l'émigration de l'Espagne et de l'Italie est bien plus importante que celle de la Chine, proportionnellement à leur population.

Les tableaux suivants donnent un aperçu des flux de travailleurs migrants permanents vers l'OCDE, ainsi que leurs pays d'origine.

---

[1] Voir *Perspective des migrations internationales : mobiliser les compétences des migrants au service de la réussite économique*, Édition Paris OCDE, 2014, p. 18-19 ; et pour le tableau « Quelques pays non-OCDE », 2015, p. 29.

Entrées de demandeurs d'asile par pays de destina

	Moyenne abbuelle 2010-13	2013	2014	Évolution absolue 2013-14	Évolution (%) 2013-14	Demandeurs d'asile pour un million d'habitants (2014)	Nou h l pc
Allemagne	65 300	109 580	173 070	+63 490	+ 58	2 115	
États-Unis	59 480	68 240	97 910	+29 670	+ 43	313	
Turquie	24 130	44 810	87 820	+43 010	+ 96	1 180	
Suède	38 440	48 430	75 090	+26 660	+ 55	7 918	
Italie	21 810	25 720	63 660	+37 940	+ 148	1 067	
France	53 940	60 460	59 030	- 1 430	-2	923	
Hongrie	6 130	18 570	41 370	+22 800	+ 123	4 188	
Royaume-Uni	26 430	29 190	31 260	+2 070	+ 7	500	
Autriche	15 090	17 500	28 060	+10 560	+ 60	3 323	
Pays-Bas	12 250	14 400	23 850	+9 450	+ 66	1 421	
Suisse	19 590	19 440	22 110	+2 670	+ 14	2 750	
Danemark	5 630	7 540	14 820	+7 280	+ 97	2 656	
Belgique	19 700	12 500	13 870	+1 370	+ 11	1 238	
Canada	19 530	10 380	13 450	+3 070	+ 30	385	
Norvège	10 090	11 460	12 640	+1 180	+ 10	2 474	

Norvège	10 090	11 460	12 640	+1 180	+ 10	2 474
Grèce	9 350	8 230	9 450	+1 220	+ 15	854
Australie	11 820	11 740	8 960	- 2 780	-24	391
Pologne	8 690	13 980	6 810	- 7 170	-51	177
Espagne	3 310	4 500	5 900	+1 400	+ 31	126
Japon	2 220	3 250	5 000	+1 750	+ 54	39
Finlande	3 260	3 020	3 520	+ 500	+ 17	646
Corée	1 040	1 570	2 900	+1 330	+ 85	58
Irlande	1 350	940	1 440	+ 500	+ 53	313
Mexique	970	1 300	..	..	..	
Luxembourg	1 450	990	970	-20	-2	1 806
Rép. tchèque	750	500	920	+ 420	+ 84	87
Portugal	310	510	440	-70	-14	42
Slovénie	290	240	360	+ 120	+ 50	175
Nlle-Zélande	320	290	290	0	0	64
Chili	250	250	..	..	..	..
Rép. slovaque	510	280	230	-50	-18	42
Islande	100	170	160	-10	-6	491
Estonie	70	100	150	+ 50	+ 50	114
Israël	3 060	..	..	..	..	..
Total OCDE	**446 660**	**550 080**	**805 510**	**+255 430**	**+ 46**	**648**

Quelques pays non-OCDE

Bulgarie	2 530	6 980	10 790	+3 810	+ 55	1 481
Roumanie	1 740	1 500	1 550	+ 50	+ 3	77
Malte	1 570	2 200	1 280	-920	-42	3 038
Lituanie	400	280	390	+ 110	+ 39	131
Lettonie	240	190	360	+ 170	+ 89	178

Note : Les chiffres pour les États-Unis se réfèrent aux demandes d'asile déposées aupr
claims – nombre de dossiers) et aux demandes d'asile déposées auprès du Bureau ex
– nombre de personnes).
.. : Non disponible.
Source : UNHCR et *Base de données de l'OCDE sur les migrations internationales.*

Il faut noter que l'ensemble des données présentées plus haut concernent l'émigration de travailleurs permanents. Depuis 2007, le volume des migrants permanents a augmenté pour atteindre en 2014 le même niveau que celui enregistré avant la crise : 4,3 millions d'entrées. L'Allemagne arrive en tête, suivie par les États-Unis.

Il faut ajouter à ces flux ceux des migrants temporaires dont le nombre a augmenté au cours des années 2000, atteignant un record de 2,5 millions d'entrées en 2007. Ce volume chute au cours de l'année 2012. Il convient aussi de prendre en compte les mouvements de réfugiés qui n'ont cessé d'augmenter au cours de ces dernières années. Le nombre de demandeurs d'asile s'élevait à 556 000 en 2013, soit une augmentation de 20 % par rapport à l'année 2012. Enfin, doivent être pris en compte les migrants irréguliers dont le volume est difficile à apprécier.

L'accroissement des flux migratoires durant ces vingt dernières années, a pu être observé un peu partout dans le monde, qu'ils s'inscrivent au sein des différentes régions ou entre elles. La mondialisation de l'économie a été renforcée par l'essor sans précédent des moyens de communication.

Les statistiques, malgré leur caractère approximatif, à certains égards (notamment en raison de la diversité des organes qui en sont fournisseurs, de l'incapacité de certains pays à mettre en place un système statistique efficient), permettent néanmoins de donner un aperçu de cette évolution. Celle-ci se traduit par une poussée des mouvements migratoires, certaines années, alors que d'autres sont marquées par une stagnation, voire même un certain recul. Pourtant l'ensemble de la période allant des années 2000 à 2018 montre sans aucun doute une augmentation du volume des migrations partout dans le monde.

À ce premier constat, s'en ajoute un second : la transformation du champ migratoire en même temps qu'une diversification de la composante des flux migratoires.

CHAPITRE II

Diversification des flux migratoires

Alors que les mouvements migratoires augmentent sensiblement, on constate leur diversification, ainsi que celle qui affecte la composante des flux de migrants.

SECTION I. LES TRANSFORMATIONS DU CHAMP MIGRATOIRE

La mondialisation et l'expansion du marché économique ont favorisé des déplacements de travailleurs et de leurs familles. Les conditions économiques et politiques désastreuses que connaissent certains pays du Sud ont contribué à élargir l'éventail des migrations, quelle qu'en soit la cause. Enfin, le déficit démographique de certains pays industrialisés a contribué à accroître ces déplacements. Selon les données existantes, la pression migratoire ne cessera d'augmenter : « (…) il n'y aura dans l'UE de 2050 que 2,5 jeunes pour un senior, au lieu de quatre pour un aujourd'hui. (…) Sachant que pour conserver en France trois actifs de 15-60 ans, quelque 920 000 migrants annuels seraient nécessaires (…) »[1].

---

[1] Guigou J. L., Almeras G., Jolly C., Kawakibi S., *Méditerranée 2030, Rapport de l'Institut de Prospective économique du monde méditerranéen*, IPEMED, Paris, 2009, p. 140-141.

Cette situation a abouti à la modification du champ migratoire et en particulier à la situation des pays qui deviennent pays d'émigration et d'immigration.

1. Évolution des courants migratoires

Certains pays d'émigration deviennent pays d'immigration ou inversement, et ce, quel que soit leur niveau de développement. Les flux migratoires s'inscrivent généralement selon quatre axes[1] :

– des pays en développement vers les pays industrialisés
– des pays industrialisés vers d'autres pays industrialisés
– des pays industrialisés vers des pays en développement
– des pays en développement vers d'autres pays en développement.

Les flux migratoires les plus importants sont indéniablement ceux qui proviennent des pays du Sud vers ceux du Nord.

Effectifs de migrants internationaux (millions)

	1990	2000	2010	2013
Monde entier	154.2	174.5	220.7	231.5
Régions développées	82.3	103.4	129.7	135.6
Régions en développement	71.9	71.1	91	95.9
Afrique	15.6	15.6	17.1	18.6
Asie	49.9	50.4	67.8	70.8
Europe	49	56.2	69.2	72.4
Amérique latine et Caraïbes	7.1	6.5	8.1	8.5
Amérique septentrionale	27.8	40.4	51.2	53.1
Océanie	4.7	5.4	7.3	7.9

Source : « Tendances des migrations internationales », Nations unies, 2013 (mise à jour 2013).

[1] IOM, « *Managing migration : Challenges and responses for people on the move* », World Migration, 2003, p. 276.

Immigration vers les pays de l'OCDE, 50 principaux pays d'origine, 2007, 2009, 2011, 2012

Pays d'origine	Immigration vers les pays de l'OCDE (milliers)				% du total des entrées dans l'OCDE 2012	% de la population mondiale 2011	Différence (points de pourcentage)	Taux d'expatriation (pour un million d'habitants) 2012
	2007	2009	2011	2012				
Chine	520	463	531	507	9.6	19.4	-9.9	375
Roumanie	557	274	310	294	5.6	0.3	5.2	14 664
Pologne	**339**	**221**	**277**	**284**	**5.4**	**0.6**	**4.8**	**7 372**
Inde	213	229	243	228	4.3	17.7	-13.4	184
Mexique	**164**	**180**	**162**	**166**	**3.1**	**1.6**	**1.5**	**1 372**
Philippines	169	164	161	159	3.0	1.3	1.7	1 648
États-Unis	**117**	**133**	**137**	**123**	**2.3**	**4.5**	**-2.2**	**393**
Royaume-Uni	**149**	**129**	**108**	**111**	**2.1**	**0.9**	**1.2**	**1 739**
Allemagne	**150**	**126**	**116**	**106**	**2.0**	**1.2**	**0.8**	**1 313**
Bulgarie	87	67	98	101	1.9	0.1	1.8	13 857
Italie	**66**	**73**	**85**	**99**	**1.9**	**0.9**	**1.0**	**1 668**
France	**82**	**93**	**96**	**97**	**1.8**	**0.9**	**0.9**	**1 475**
Maroc	152	143	112	96	1.8	0.5	1.4	2 965
Viet Nam	89	77	95	94	1.8	1.3	0.5	1 054
Hongrie	**37**	**43**	**68**	**87**	**1.6**	**0.1**	**1.5**	**8 788**
Pakistan	75	77	106	86	1.6	2.5	-0.9	479
Fédération de Russie	68	68	71	77	1.4	2.1	-0.6	536
Espagne	**24**	**40**	**52**	**75**	**1.4**	**0.7**	**0.8**	**1 609**
Corée	**72**	**79**	**71**	**70**	**1.3**	**0.7**	**0.6**	**1 408**
Pérou	110	78	68	69	1.3	0.4	0.9	2 311
Brésil	108	84	69	66	1.2	2.8	-1.6	331
Colombie	89	72	68	65	1.2	0.7	0.6	1 368
Ukraine	110	81	68	64	1.2	0.7	0.5	1 405
République dominicaine	50	66	65	63	1.2	0.1	1.0	6 096
Portugal	**60**	**43**	**50**	**60**	**1.1**	**0.2**	**1.0**	**5 730**
Turquie	**60**	**64**	**63**	**60**	**1.1**	**1.1**	**0.1**	**805**
Thaïlande	48	47	53	59	1.1	1.0	0.1	877
Nouvelle-Zélande	**42**	**43**	**44**	**54**	**1.0**	**0.1**	**1.0**	**12 138**
Grèce	**14**	**15**	**39**	**52**	**1.0**	**0.2**	**0.8**	**4 683**
Cuba	45	53	51	46	0.9	0.2	0.7	4 094
Iran	28	44	45	45	0.8	1.1	-0.2	587
Nigéria	38	46	39	44	0.8	2.3	-1.5	260
Irak	33	49	48	43	0.8	0.5	0.4	1 323
Canada	**35**	**37**	**43**	**42**	**0.8**	**0.5**	**0.3**	**1 205**
Bangladesh	35	51	50	42	0.8	2.2	-1.4	278
Algérie	43	42	39	40	0.8	0.5	0.2	1 038
Serbie	27	27	33	39	0.7	0.1	0.6	5 354
Albanie	66	71	39	37	0.7	0.0	0.6	13 179
Japon	**32**	**36**	**34**	**36**	**0.7**	**1.8**	**-1.2**	**288**
Égypte	25	28	32	35	0.7	1.2	-0.5	437
Lituanie	15	16	44	34	0.7	0.0	0.6	11 545
Pays-Bas	**40**	**33**	**33**	**34**	**0.6**	**0.2**	**0.4**	**2 049**
Sri Lanka	21	34	36	34	0.6	0.3	0.3	1 675
Haïti	35	30	33	34	0.6	0.1	0.5	3 340
Népal	17	23	30	33	0.6	0.4	0.2	1 211

République slovaque	**36**	**26**	**31**	**33**	**0.6**	**0.1**	**0.5**	**6 099**
Afghanistan	12	19	29	32	0.6	0.5	0.1	1 067
Australie	**32**	**26**	**28**	**31**	**0.6**	**0.3**	**0.3**	**1 363**
Indonésie	27	22	29	30	0.6	3.5	-2.9	123
Myanmar	10	23	24	27	0.5	0.8	-0.2	520
Tous les pays d'origine	**5 908**	**5 293**	**5 401**	**5 422**	**100.0**	**100.0**	**...**	
Tous les pays d'origine OCDE	**1 708**	**1 601**	**1 722**	**1 808**	**33.4**	**17.9**	**15.5**	
Tous les pays d'origine non OCDE	**4 200**	**3 692**	**3 678**	**3 613**	**66.6**	**34.1**	**32.6**	
Tous les pays d'origine UE	**1 787**	**1 344**	**1 591**	**1 663**	**30.5**	**7.2**	**23.2**	

Source : OCDE, *Perspectives des migrations internationales*, 2014, p. 32-33.

Les États-Unis semblent être le principal pays d'accueil suivi de près par l'Allemagne, l'Italie et l'Espagne.

On rappellera que l'Amérique du Nord, les États-Unis en particulier, doit faire face à un afflux massif de migrants originaires d'Amérique latine, mais ils sont nombreux aussi à venir d'autres régions du monde, en particulier d'Asie.

L'origine des immigrés en 2002 (*La civilisation américaine*, PUF, 2004)[1]

Mexique	219 380
Inde	71 000
Chine	61 282
Philippines	51 308
Viêt Nam	33 627
Salvador	31 168
Cuba	28 272
République dominicaine	22 604
Bosnie-Herzégovine	25 373
Ukraine	21 217

Source : site web *Le Monde*, « L'immigration aux États-Unis en chiffres » (publié le 27/04/2006 et mis à jour le 28/04/2006).

L'Afrique participe, elle aussi, à l'accroissement du volume des migrants entrés aux États-Unis. Il s'agit, en partie, de travailleurs qualifiés. Après la phase de déplacement forcé qu'ont connu les Africains entre les

[1] Kaspi A., Harter H., Durpaire F., Lherm A., *La civilisation américaine*, Paris, PUF, 2004, 621 p.

XVIe et XIXe siècles, l'émigration volontaire n'a cessé d'augmenter à partir du début du XXe siècle : en 2009, ils sont 38,5 millions d'immigrants provenant d'Afrique orientale et occidentale. Les principaux pays identifiés sont le Nigeria, l'Éthiopie, le Ghana, le Kenya et l'Égypte.

L'Europe, pour sa part, connaît, elle aussi, une importante immigration de ressortissants des pays du Maghreb, d'Afrique subsaharienne et du Moyen-Orient. Outre l'immigration traditionnelle, elle reçoit des migrants venus d'Asie, particulièrement la Chine, et d'Amérique latine. Plus récemment, on observe une tendance nouvelle, celle des migrations au sein même des pays de l'OCDE.

Dans le même ordre d'idées, les migrations au sein de l'Afrique se sont, elles aussi, accrues. Le Nigeria et l'Afrique du Sud constituent des pôles économiques attractifs pour une main-d'œuvre en quête d'emploi. D'autres pays du Sud sont concernés. Ainsi, un grand nombre de travailleurs émigrent vers les pays du Golfe qui offrent des opportunités d'emploi et des salaires attractifs, notamment pour certaines catégories professionnelles : Pakistanais, Iraniens, Égyptiens, Soudanais sont nombreux à s'établir dans ces pays. L'Asie connaît, elle aussi, des mouvements migratoires en son sein : selon les données disponibles, la Chine et le Japon apparaissent comme les principaux pays d'accueil. Ces courants migratoires existaient déjà par le passé, ils connaissent une certaine évolution imprimant ainsi au champ migratoire traditionnel des transformations sensibles.

Enfin, de nouveaux courants migratoires des pays industrialisés vers les pays du Sud commencent à s'intensifier. Les pays du tiers monde apparaissent comme des terres d'accueil dignes d'intérêt pour les ingénieurs, hommes d'affaires et autres industriels qui saisissent des opportunités d'investissement dans des zones économiques qui s'ouvrent de plus en plus au marché mondial.

L'Algérie a connu cette transformation. Elle avait opté pour une économie planifiée de type socialiste correspondant aux orientations prises au lendemain de son indépendance. Peu à peu, sous la pression des différentes crises économiques auxquelles elle a été confrontée, elle a opéré un revirement et s'est ouverte lentement à l'économie de marché. Elle tente jusqu'à aujourd'hui d'intégrer l'Organisation mondiale du Commerce (OMC) en effectuant les modifications et les ajustements requis pour répondre aux exigences du libéralisme.

Ces flux migratoires restent cependant marginaux comparés à ceux qui affectent les pays en développement vers les pays industrialisés. Ce panorama des migrations internationales traduit une certaine évolution marquée par la diversification.

> « Si l'immigration en Europe s'inscrit maintenant dans la durée, dans le même temps, elle se diversifie, s'affranchissant ainsi de son passé colonial. De nouveaux pays d'accueil qui sont d'anciens pays de départ... sont confrontés à des populations avec lesquelles ils n'ont peu, sinon aucun lien historique ou culturel et à des figures nouvelles de migrants : femmes, enfants, venus seuls, déboutés du droit d'asile, jeunes diplômés issus des classes moyennes, intellectuels et techniciens. Ces nouveaux venus ont tissé des réseaux migratoires, souvent récents, grâce auxquels ils s'installent dans une mobilité transnationale. Malgré l'existence des visas, la généralisation de la possession de passeports, la réaffirmation d'un droit de sortie après la chute ou l'affaiblissement de régimes autoritaires (de l'Europe du Sud et de l'Est, mais aussi d'Amérique latine et d'Asie), même si le droit d'entrée est loin d'être acquis, au tournant du siècle, une « circulation migratoire » porteuse de nouveaux rapports aux politiques s'installe au nom d'un universalisme d'un nouveau type[1]. »

Les courants migratoires traditionnels des pays en développement vers les pays industrialisés connaissent une certaine transformation.

[1] Leveau R., Wihtol de Wenden C., Mohsen-Finan K. (dir.), « *Nouvelle citoyenneté : réfugiés sans papiers dans l'espace européen* », IFRI (Institut français des Relations internationales), Paris, 2001, p. 10.

Les ressortissants des pays du sud récemment indépendants continuent de se diriger essentiellement vers les territoires des anciennes puissances coloniales. La proximité géographique, les liens culturels, une tradition d'émigration vers ces pays ont favorisé la perpétuation du phénomène migratoire. Mais, désormais, le champ migratoire s'élargit. Si auparavant la France était la destination privilégiée des Maghrébins, aujourd'hui c'est l'ensemble des pays européens qui constitue une terre d'accueil. Par exemple, la France continue d'être une terre d'accueil pour les Algériens, mais ces derniers émigrent de plus en plus vers d'autres pays d'Europe, en particulier la Grande-Bretagne, et dans une moindre mesure, les pays scandinaves.

Cette situation a été rendue possible par les règles qui régissent l'Union européenne, notamment celle de la libre circulation au sein de l'espace Schengen.

Par ailleurs, il est à signaler que les Algériens préfèrent de plus en plus émigrer vers l'Amérique du Nord (Canada, États-Unis) où ils constituent une véritable communauté. Certains, moins nombreux, s'expatrient vers l'Australie ou l'Amérique du Sud.

Il est à noter qu'il est de plus en plus malaisé d'identifier la trajectoire des migrants. Ces derniers séjournent pour une durée plus ou moins longue dans un premier pays d'accueil, soit pour y occuper un emploi, soit pour y poursuivre des études. Ils émigrent ensuite vers un autre pays où ils s'établiront définitivement. C'est le cas d'un grand nombre d'Algériens qui, dans un premier temps, choisissent pour première destination la France. Pour une majorité d'entre eux, une famille, des amis, installés depuis au moins deux générations, devenus pour la plupart français, les accueillent. Ils ont ainsi la possibilité de s'adapter à un nouvel environnement socio-économique et de trouver un travail correspondant plus ou moins à leurs qualifications. Parmi ces émigrants, on compte une grande part d'étudiants venus achever leur cycle universitaire ou autre formation. Après un délai plus ou moins long, ils quittent la France pour s'établir durablement dans des pays qui semblent leur offrir plus d'opportunités. Le Canada, en particulier le Québec (région francophone), constitue une destination privilégiée. Les États-Unis sont aussi attractifs : la liberté de pensée et d'entreprise qui y règne apparaît comme un atout alors que les préjugés inhérents à la colonisation sont, au contraire, un écueil à une intégration optimale des ressortissants algériens dans la société française. Toutefois, ces propos méritent, à l'heure actuelle, d'être tempérés : les actes terroristes qui ont touché la première puissance mondiale ont imprimé à la société américaine de nouveaux comportements marqués par « l'islamophobie » et la xénophobie.

Une autre destination attire les Algériens, et cela est de plus en plus vrai : les pays du Golfe. Malgré une législation rigoureuse, ces pays continuent de recevoir une main-d'œuvre algérienne qualifiée et très qualifiée grâce aux salaires élevés qui sont proposés, et au modèle culturel (modes vestimentaire et musicale, attrait religieux) qui s'est répandu largement dans le Maghreb. Cette migration, il faut cependant le souligner, demeure temporaire. Les Algériens, après avoir séjourné quelques années dans ces pays, reviennent pour certains, émigrent pour d'autres, vers le Canada ou les États-Unis en particulier.

La diversification des mouvements migratoires se traduira ensuite par les situations complexes que vivent les pays.

2. Pays d'émigration, pays d'immigration, pays de transit

À l'heure actuelle, bon nombre de pays deviennent à la fois pays d'émigration, pays d'immigration ou encore pays de transit. Il est à noter, de prime abord, que ce phénomène touche l'ensemble des pays, qu'ils soient pays industrialisés ou pays du Sud. Ainsi, ne sera plus prise en compte l'opposition traditionnelle entre pays en développement et pays industrialisés, mais plutôt celle entre pays d'émigration et d'immigration ou pays receveur d'un côté, et pays fournisseurs de main-d'œuvre, de l'autre.

En Europe, au cours des années 1960-70, le Royaume-Uni était un cas isolé de par son statut de pays d'émigration et d'immigration. En effet, il recevait des Indiens et des Pakistanais dont la majorité était hautement qualifiée. Ces derniers venaient combler un déficit dû à l'émigration de ses ressortissants qui se dirigeaient essentiellement vers les États-Unis. D'autres pays vivent actuellement la même situation, la France et la Suisse en sont une illustration. La France a une tradition de terre d'accueil héritée de la Révolution française. La constitution d'un empire colonial a favorisé l'immigration des travailleurs et de leurs familles issues des colonies. Ce mouvement s'est perpétué au cours de la période qui a suivi les indépendances. Algériens, Marocains, Tunisiens, Vietnamiens, Maliens, Sénégalais… sont autant de nationalités composant actuellement la population immigrée. Aujourd'hui, les liens avec les anciennes colonies tendent à se distendre. Des ressortissants d'autres pays viennent enrichir la diversité des migrants. Ces derniers viennent des pays de l'Est (Pologne, Roumanie…) mais aussi de régions plus lointaines comme le Brésil ou la Chine.

Dans le même temps, la France voit un grand nombre de ses propres nationaux émigrer, particulièrement des jeunes, qui quittent leur pays pour s'établir durablement soit au sein de l'Union européenne, en particulier en Grande-Bretagne, soit en Amérique du Nord (Canada, États-Unis).

L'Italie, elle aussi, avait une tradition d'émigration, les Italiens du sud en particulier se dirigeaient vers l'Europe (Allemagne et France), puis vers les États-Unis où ils constituent une communauté importante. L'Italie est actuellement un pays d'immigration qui reçoit des migrants venus d'horizons divers, notamment des pays de l'Est, de Tunisie, de Libye et d'Égypte, eu égard à la proximité géographique de ces pays et à leurs liens historiques avec l'Italie.

Les pays du Maghreb sont aussi concernés par cette évolution. L'Algérie a toujours été un pays d'émigration. Longtemps considérée comme un pays de transit, elle est aujourd'hui pays d'immigration, elle reçoit sur son territoire des migrants venus d'Afrique subsaharienne, en particulier des Maliens et des Nigériens. Plus récemment, elle accueille davantage de Syriens qui fuient le conflit armé qui sévit dans leur pays.

> « De manière réaliste, il faut donc s'attendre à une pression migratoire soutenue pour les quinze années qui viennent, d'autant que les vagues de migrants méditerranéens vers l'UE risquent elles-mêmes d'être submergées par d'autres, africaines et asiatiques, sans parler des Peco[1], à ce point que, d'ores et déjà, les pays du sud et de l'est de la Méditerranée deviennent à leur tour des terres non seulement de transit mais d'immigration[2]. »

Au-delà de la transformation du champ migratoire induite par la mondialisation d'une part, et le développement sans précédent des moyens de communication, notamment les TIC, d'autre part, on observe une évolution dans la composante même des flux migratoires.

SECTION II. MODIFICATION DE LA COMPOSANTE DES FLUX MIGRATOIRES

On a pu constater, depuis près de 30 ans, une modification des flux migratoires qui regroupent non plus seulement les travailleurs mais bien d'autres catégories comme les demandeurs d'asile, les migrants illégaux, les jeunes, les femmes, qui en constituent aujourd'hui une part non négligeable.

Il convient de remarquer qu'il est de plus en plus difficile d'avoir un aperçu de la réalité des migrations interna-

---

[1] Pays de l'Europe centrale et orientale.

[2] Guigou J. L., Almeras G., Jolly C., Kawakibi S., *op. cit.*, p. 139.

tionales. Une première remarque s'impose tout d'abord : le nombre de voyageurs pour raisons d'affaires ou d'agrément a sensiblement augmenté, rendant difficile dans le même temps l'identification réelle de leurs intentions. Certains, après avoir quitté leur pays, peuvent décider de s'établir durablement dans un autre pays. D'autres, profitant de l'obtention d'un visa touristique ou pour raison familiale, saisiront cette opportunité pour s'expatrier dans un pays de l'OCDE. Par ailleurs, pour tenter de contourner les législations de plus en plus rigoureuses pour entrer et séjourner dans les pays industrialisés, un grand nombre de candidats à l'émigration mettent en avant l'insécurité qui prévaut dans leur pays. Ils demandent asile à des États où la politique en la matière est plus souple. Enfin, l'acquisition de la nationalité du pays d'accueil ou encore la détention d'un titre de séjour pour études constitueront autant de possibilités détournées pour émigrer durablement. Le manque de précision quant à l'origine des migrants est accentué par les incertitudes qui entourent les raisons qui ont présidé à leur départ.

La France, nous l'avons déjà dit, apparaît souvent pour les Maghrébins comme une première étape. Dans le même ordre d'idée, les Pakistanais et les Indiens choisissent comme première destination la Grande-Bretagne avant d'émigrer aux États-Unis.

Ces incertitudes sont accentuées par le manque ou l'inexistence d'harmonisation dans les statistiques internationales. Chaque État ou groupe d'États dispose de systèmes statistiques nationaux qui ne permettent pas la comparabilité des données au niveau international. Ainsi, les pays d'Amérique du Nord (Canada, États-Unis), de même que l'Australie, recensent les immigrés en utilisant le critère de dernière résidence afin d'identifier le pays de départ. Au contraire, les pays européens, notamment la France, prennent en considération le critère de la nationalité.

La diversification des migrations va se traduire en dernière analyse par le caractère temporaire ou permanent qu'elles peuvent revêtir.

1. Migrants temporaires et migrants permanents

Au lendemain de la Seconde Guerre mondiale, on distinguait essentiellement les migrations de peuplement de celles à caractère temporaire. Les migrations permanentes constituaient alors une proportion importante d'émigration au sein de l'OCDE. Elles cèdent peu à peu le pas aux migrations temporaires.

Entrées de migrants permanents suivant la région d'origine, 1980-1990, Canada (milliers)

	1980	1981	1982	1983	1984	1985	1986	1987	1988	1989	1990
Afrique et Moyen-Orient	9.1	10.3	9.9	7.6	8.6	9.0	12.3	19.8	22.3	31.0	38.2
Asie et Pacifique	69.3	45.7	38.5	34.2	38.0	34.3	35.3	57.9	70.0	76.5	89.3
Amérique (sauf États-Unis)	13.6	15.8	17.2	15.7	13.8	15.5	21.6	28.9	22.4	25.5	28.4
États-Unis	9.9	10.6	9.4	7.4	6.9	6.7	7.3	8.0	6.5	6.9	6.1
Europe	41.2	46.3	46.2	24.3	20.9	18.9	22.7	37.6	40.7	52.1	51.7
TOTAL	143.1	128.6	121.1	89.2	88.2	84.3	99.2	152.1	161.9	192.0	213.6

Source : « *Tendances et perspectives des migrations internationales* », OCDE, 2002.

On entend par migrants temporaires les travailleurs migrants qui séjournent dans le pays d'accueil durant une période courte. Selon l'étude proposée par le Réseau européen des Migrations (REM)[1], sont définis comme migrants temporaires « les migrants pour raison professionnelle qui n'ont pas vocation à s'installer durablement en France ». Cette définition englobe toute personne en quête d'emploi dans un autre pays que le sien et dont la durée de séjour n'excède pas une année. Une autre définition de la migration temporaire est proposée : « Migration de travailleurs d'une durée de trois à sept mois environ et se répétant chaque année[2] ».

Au Canada, la distinction travailleur permanent/travailleur temporaire est aussi de mise. On définit ainsi un *travailleur permanent comme* « une personne qui a obtenu des autorités fédérales le droit de s'établir de façon permanente sur le territoire canadien[3] ». On compte parmi eux les immigrés pour raison économique, ceux entrés au titre du regroupement familial, et enfin ceux ayant obtenu un statut de réfugiés ou autres (apatrides par exemple).

En revanche, le travailleur temporaire peut être défini comme « un ressortissant étranger qui est autorisé à être présent sur le territoire pour une période limitée et qui quittera le territoire à l'expiration de son statut, à moins que ce statut soit prolongé ou que ce ressortissant acquière un autre statut[4] ». Cette catégorie regroupe les travailleurs temporaires, les étudiants étrangers et les personnes dont le motif d'immigration est d'ordre humanitaire.

---

[1] Le Réseau européen des Migrations (REM) a été établi par la *Décision du Conseil 2008/381/CE* adoptée le 14 mai 2008.

[2] REM, « *Migration temporaire et circulaire : résultats empiriques, pratiques politiques et options qui se présentent* », Étude élaborée par me Point de contact français du Réseau européen des migrations, 43 p.

[3] « Portraits statistiques. L'immigration temporaire au Québec », 2008-2 http://www.immigration.interieur.gouv.fr/content/download/33568/250897/file/18_Etude_PCN_francais_migration_temporaire_circulaire.pdf, p. 6.
013, « Immigration, Diversité et Inclusion Québec », 2014, p. 5 *in* http://www.immigration-quebec.gouv.qc.ca

[4] *Portraits statistiques*, *op. cit.*, p. 5.

Au cours des années 1970, la distinction entre migrant temporaire et migrant permanent tend à s'estomper et devient peu opérante. En effet, un grand nombre de migrants temporaires, qui avaient émigré pour des raisons économiques, se sont établis définitivement dans les pays d'accueil tirant parti des politiques de regroupement familial, cela a été le cas pour la France.

Ces migrations permanentes avaient connu un certain recul avec la crise, notamment en 2007, mais elles sont reparties à la hausse en 2014 où elles atteignent le nombre de 4,3 millions d'entrées permanentes dans la zone OCDE[1].

Les migrations pour raisons familiales représentaient plus du tiers de toutes les entrées permanentes dans les pays de l'OCDE en 2013 et atteignaient 30 % pour celles relatives à la libre circulation[2]. La naissance dans le pays d'accueil d'enfants, voire de petits enfants, a accentué le caractère permanent de ces migrations.

Les politiques mises en œuvre, à l'heure actuelle, par la majorité des pays d'accueil, privilégient l'immigration temporaire. Le nombre de visas temporaires de travail a quadruplé entre 1981 et 1990. Néanmoins, quelques pays continuent d'adopter une politique d'immigration permanente. Le Canada, l'Australie et la Nouvelle-Zélande ont adopté en matière d'immigration une législation reposant sur un système de barème : les candidats à l'immigration bénéficieront d'un certain nombre de points s'ils justifient de liens avec un ou plusieurs membres de leur famille établis durablement sur leur territoire. Les États-Unis ont également décidé de s'inspirer de ce système.

---

[1] Max Derruau, *Géographie humaine*, Collection "U", Armand Colin, Paris, 1991, p. 118.

[2] *Les migrations internationales en chiffres*, OCDE-Nations unies/DAES, octobre 2013 in http://www.oecd.org/fr/els/mig/les-migrations-internationales-en-chiffres.pdf

« The Immigration Act of 1990 » recherche un équilibre entre les impératifs économiques et les aspirations humanitaire[1]. Les immigrants sont classés en deux catégories clairement identifiées : immigration issue du regroupement familial (*family-spensored-preferences*) et celle ayant trait aux compétences (*employment-based preferences*). Face aux nouvelles exigences de l'économie globalisée, le plafond des entrées annuelles est revu à la hausse passant de 270 000 à 675 000 personnes. Le contingent annuel d'établissements permanents, quant à lui, évolue de 54 000 à 140 000 personnes.

Par ailleurs, il faut noter qu'un rapport de l'OCDE (2008) avait contesté l'option choisie par une majorité de pays industrialisés qui donnait la préférence à une politique d'immigration temporaire. Compte tenu du vieillissement de leur population, cette organisation préconise que « les pays de l'OCDE doivent adapter davantage leur politique d'immigration de travail à l'évolution probable de la demande future de main-d'œuvre dans tous les domaines économiques, en s'ouvrant aux travailleurs peu qualifiés aussi bien qu'aux travailleurs très qualifiés[2] ». La nécessité d'accueillir les migrants en vue de pallier un déficit démographique des pays de l'OCDE avait déjà été soulignée par les rapports des Nations unies et du BIT en septembre 2000 ; ils prévoyaient qu'à l'horizon 2050 l'Europe et les autres pays de l'OCDE, confrontés au vieillissement de leur population, devraient faire face à un manque de main-d'œuvre.

Les migrants temporaires sont identifiés selon la durée de leur séjour dans le pays d'accueil. On distingue plusieurs catégories. Selon le REM, déjà cité plus haut, sont

---

[1] Papademetriore Demetrios G., Yale-Loehr S., *Balaveing interests: rethinking U.S selection of skilled immigrants*, Ed. Washington, Carnegie Endowment for International peace, 1996, 232 p.

[2] « *Il faut adapter les politiques d'immigration aux besoins futurs* », OCDE, 09/11/2008, www.oecd.org

considérés comme des migrants temporaires les travailleurs saisonniers, les étudiants internationaux, les chercheurs et toute personne bénéficiant d'une carte compétences.

> « La plupart des pays de l'OCDE gèrent actuellement l'immigration de travailleurs très qualifiés au moyen de programmes temporaires... Certains de ces immigrants temporaires sont des salariés mutés à l'intérieur de leur entreprise, des voyageurs d'affaires ou des personnes bénéficiant d'accords de libre circulation. La majorité des immigrants temporaires occupent des emplois peu qualifiés[1]. »

Le caractère temporaire ou permanent des migrants constitue une des caractéristiques permettant d'identifier la composante des migrants qui a eu tendance à se diversifier au cours des dernières années.

2. Diversité des catégories de migrants

La diversification des catégories de migrants repose sur différents éléments : la durée de séjour, la qualité, le statut ou encore le sexe du migrant.

Les travailleurs saisonniers

Les migrations de travailleurs saisonniers connaissent une certaine stabilité. Pourtant, leur proportion a diminué tangiblement au cours de ces dernières années. Cette tendance s'explique par la crise économique que connaît le monde depuis 2007. Les travailleurs marocains ont depuis très longtemps émigré de façon saisonnière en Espagne durant la période des récoltes. Il s'agit d'ouvriers agricoles qui trouvent largement à s'employer en Andalousie ou dans d'autres régions. La demande de main-d'œuvre sai-

---

[1] Rapport, *op. cit.*, 2008.

sonnière a diminué ces dernières années compte tenu de la crise à laquelle a dû faire face l'Espagne.

Main-d'œuvre hautement qualifiée (compétences)

L'évolution, durant ces dernières années, du profil des migrants est aussi perceptible. Alors que, par le passé, les migrants étaient essentiellement des travailleurs peu qualifiés qui occupaient les emplois délaissés par les nationaux, il apparaît au cours de ces trois dernières décennies que les migrants sont des personnes semi ou hautement qualifiées[1]. En Algérie, par exemple, l'émigration touche l'ensemble des catégories professionnelles ; si, par le passé, on ne comptait parmi les expatriés qu'une main-d'œuvre non qualifiée, elle touche aujourd'hui un grand nombre de personnes hautement qualifiées. Selon le rapport de l'OCDE 2015, sur le nombre total de médecins installés en France, les Algériens représentent 18 %.

Le personnel de qualification intermédiaire qui, jusque-là, n'avait pas été concerné, constitue désormais une part importante des flux migratoires (enseignants du cycle secondaire et personnel paramédical). Ce mouvement avait été amorcé au cours des années 90 où l'Algérie faisait face à une grave crise politique. Il n'a cessé de croître. Ce phénomène a longtemps été considéré comme un exode des compétences de par les effets négatifs qu'il génère, aussi bien au niveau économique que social. Mais de plus en plus, une nouvelle approche tend à s'imposer, faisant de la migration des personnes hautement qualifiées un phénomène naturel induit par la mobilité des compétences nécessaires au progrès de la science et de l'humanité. Les pays fournisseurs de cette main-d'œuvre, en particulier les pays en développement, pourront, à long terme, récupérer

[1] Tarri M., « Short term skilled movements and economic growth », *International migration*, n° 3, 2008, p. 161-185.

les fruits de leur investissement en matière de formation, en mettant à profit les liens qui les unissent à leur diaspora.

Les étudiants internationaux

Une autre composante mérite d'être signalée, il s'agit des étudiants internationaux qui poursuivent leurs études à l'étranger, notamment dans les pays industrialisés. La migration de cette catégorie « professionnelle » avait été observée dès les années 1970 et 80 et n'a cessé d'augmenter à ce jour.

« *International student mobility is the main form of cross-border higher education. In 2004, there were 2.7 million students worldwide studying outside their own countries; in other words, almost three times as many as 20 years ago*[1]. »

Dans ce cadre, la France constitue un réceptacle pour les étudiants venus du Maghreb.

---

[1] Vincent-Lancrin S., « Student mobility, internationalization of higher education and skilled migration », *in* « Managing labour mobility in the evolving global economy », World migration, 2008, IOM, Geneva, 2008, p. 106.

Effectifs d'étudiants tunisiens par année d'inscription et par sexe en France (1962-63 à 1990-91)

TUNISIE			
ANNÉE	GARÇONS (%)	FILLES (%)	TOTAL
1962-1963	1 756 (89.1.)	214 (10.9)	1 970
1963-1964	1 842 (84.7)	332 (15.3)	2 174
1964-1965	1 968 (83.4)	393 (16.6)	2 361
1965-1966	1 902 (83.2)	384 (16.8)	2 286
1966-1967	1 907 (82.7)	400 (17.3)	2 307
1967-1968	1 696 (82.2)	368 (17.8)	2 064
1968-1969	1 366 (88.0)	187 (12.0)	1 553
1971-1972	2 335 (80.3)	574 (19.7)	2 909
1973-1974	-	-	6 087
1974-1975	-	-	6 741
1975-1976	6 153 (84.0)	1 170 (16.0)	7 323
1976-1977	-	-	8 677
1977-1978	8 158 (86.1)	1 317 (13.9)	9 475
1978-1980	7 884 (85.2)	1 373 (14.8)	9 257
1979-1980	7 030 (83.8)	1 357 (16.2)	8 387
1980-1981	6 834 (84.8)	1 229 (15.2)	8 063
1981-1982	6 616 (84.2)	1 241 (15.8)	7 857
1982-1983	6 584 (83.8)	1 276 (16.2)	7 860
1983-1984	6 761 (82.9)	1 397 (17.1)	8 158
1984-1985	6 606 (82.3)	1 422 (17.7)	8 028
1985-1986	6 204 (81.8)	1 378 (18.2)	7 582
1986-1987	5 807 (80.5)	1 404 (19.5)	7 211
1987-1988	5 620 (78.8)	1 511 (21.2)	7 131
1988-1989	5 438 (77.7)	1 561 (22.3)	6 999
1989-1990	5 497 (76.7)	1 675 (23.4)	7 172
1990-1991	5 319 (74.9)	1 785 (25.1)	7 104

Source : Statistiques du ministère de l'Éducation nationale.

Effectifs d'étudiants marocains par année d'inscription et par sexe en France (1962-63 à 1990-91)

MAROC			
ANNÉE	GARÇONS (%)	FILLES (%)	TOTAL
1962-1963	1 144 (73.5)	413 (26.5)	1 557
1963-1964	1 040 (79.8)	263 (20.2)	1 303
1964-1965	1 226 (80.3)	301 (19.7)	1 527
1965-1966	1 287 (77.4)	375 (22.6)	1 662
1966-1967	1 323 (76.4)	409 (23.6)	1 732
1967-1968	1 328 (77.1)	395 (22.9)	1 723
1968-1969	1 257 (80.0)	314 (20.0)	1 571
1971-1972	1 800 (73.0)	666 (27.0)	2 466
1973-1974	-	-	6 427
1974- 1975	-	-	7 382
1975-1976	6 390 (79.1)	1 691 (20.9)	8 081
1976-1977	-	-	9 494
1977-1978	9 456 (81.3)	2 169 (18.7)	11 625
1978-1980	11 183 (80.3)	2 743 (19.7)	13 926
1979-1980	12 210 (79.4)	3 178 (20.7)	15 388
1980-1981	13 758 (79.6)	3 521 (20.4)	17 279
1981-1982	14 544 (78.9)	3 893 (21.1)	18 437
1982-1983	18 076 (79.9)	4 546 (20.1)	22 622
1983-1984	19 365 (79.1)	5 131 (20.9)	24 496
1984-1985	20 146 (78.2)	5 632 (21.8)	25 778
1985-1986	19 649 (77.7)	5 648 (22.3)	25 297
1986- 1987	18 144 (76.5)	5 574 (23.5)	23 718
1987-1988	17 491 (75.8)	5 579 (24.2)	23 070
1988-1989	17952 (74.9)	6 023 (25.1)	23 975
1989-1990	19 112 (74.0)	6 722 (26.0)	25 834
1990-1991	18 836 (72.7)	7 060 (27.3)	25 896

Source : Statistiques du ministère de l'Éducation nationale.

L'Algérie est, elle aussi, confrontée à ce phénomène. Les programmes de formation qu'elle a mis sur pied au lendemain de l'indépendance ont permis à de nombreux étudiants de poursuivre leur cursus universitaire dans des pays comme la France, les États-Unis, mais aussi en URSS et en Allemagne. Un grand nombre d'entre eux ne reviendront pas. Ils constituent à l'heure actuelle une diaspora avec laquelle l'Algérie tente de renforcer les liens.

Les mouvements migratoires concernent aussi, dans une certaine mesure, les personnes qualifiées occupant un emploi dans les entreprises multinationales qui les mutent dans d'autres pays où elles sont établies.

Les migrants illégaux

Une autre caractéristique actuelle des migrations est l'accroissement sans précédent du nombre de migrants irréguliers. Cette migration illégale ou clandestine est connue depuis longtemps. Elle prend différentes formes selon que le migrant soit rentré illégalement dans le pays d'accueil ou bien qu'il y séjourne d'une manière irrégulière.

> « Si le phénomène des migrations illégales pour l'emploi n'est pas nouveau, ce qui frappe aujourd'hui, c'est son ampleur et le fait qu'il touche aussi bien les pays d'accueil que les pays de départ des travailleurs migrants. Bien qu'il soit impossible en ce domaine de donner des chiffres précis, l'Organisation internationale des Migrations (OIM) estime qu'entre 15 et 30 millions de personnes économiquement actives dans un pays autre que le leur s'y trouvent en situation irrégulière[1]. »

Ce phénomène a pris de telles proportions de nos jours que peu de pays y échappent. Ainsi, l'Algérie doit faire face à une immigration clandestine en provenance des pays d'Afrique subsaharienne. Le contrôle des frontières est difficile compte tenu de la nature du relief mais aussi de l'immensité du territoire. D'autres migrations irrégulières semblent concerner les ressortissants chinois mais peu ou pas de données en la matière ne permettent d'étayer ce fait. Il convient néanmoins de constater que l'Algérie a adopté une législation rigoureuse quant à l'entrée et au séjour des étrangers sur le territoire algérien. De même, la sortie irrégulière de ressortissants algériens et étrangers du territoire est lourdement sanctionnée.

---

[1] BIT, « Travailleurs migrants », *op. cit.*, p. 115.

Les demandeurs d'asile

Les réfugiés constituent une part importante des migrations internationales. Les situations de conflit qui se sont multipliées de par le monde obligent de nombreuses personnes à s'exiler vers d'autres pays pour s'assurer une certaine sécurité. À ces réfugiés politiques s'ajoutent ceux qui quittent leurs pays pour fuir l'extrême pauvreté due à des conditions climatiques désastreuses.

Entrées de demandeurs d'asile par pays de destination (2010-2014)

	Moyenne abbuelle 2010-13	2013	2014	Évolution absolue 2013-14	Évolution (%) 2013-14	Demandeurs d'asile pour un million d'habitants (2014)	Nouveaux migrants humanitaires permanents pour un million d'habitants (2013)	Trois principaux pays d'origine des demandeurs d'asile (2013)
Allemagne	65 300	109 580	173 070	+63 490	+ 58	2 115	375	Syrie, Serbie (et Kosovo), Érythrée
États-Unis	59 480	68 240	97 910	+29 670	+ 43	313	382	Mexique, Chine, El Salvador
Turquie	24 130	44 810	87 820	+43 010	+ 96	1 180	..	Iraq, Afghanistan, Syrie
Suède	38 440	48 430	75 090	+26 660	+ 55	7 918	3 048	Syrie, Érythrée, Apatrides
Italie	21 810	25 720	63 660	+37 940	+ 148	1 067	148	Mali, Nigéria, Gambie
France	53 940	60 460	59 030	- 1 430	-2	923	179	Rép. dém. du Congo, Féd. de Russie, Syrie
Hongrie	6 130	18 570	41 370	+22 800	+ 123	4 188	..	Serbie (et Kosovo), Afghanistan, Syrie
Royaume-Uni	26 430	29 190	31 260	+2 070	+ 7	500	331	Pakistan, Érythrée, Iran
Autriche	15 090	17 500	28 060	+10 560	+ 60	3 323	297	Syrie, Afghanistan, Serbie (et Kosovo)
Pays-Bas	12 250	14 400	23 850	+9 450	+ 66	1 421	594	Syrie, Érythrée, Apatrides
Suisse	19 590	19 440	22 110	+2 670	+ 14	2 750	630	Érythrée, Syrie, Sri Lanka
Danemark	5 630	7 540	14 820	+7 280	+ 97	2 656	697	Syrie, Érythrée, Apatrides
Belgique	19 700	12 500	13 870	+1 370	+ 11	1 238	267	Syrie, Iraq, Érythrée
Canada	19 530	10 380	13 450	+3 070	+ 30	385	886	Chine, Pakistan, Colombie
Norvège	10 090	11 460	12 640	+1 180	+ 10	2 474	1 316	Érythrée, Syrie, Somalie
Grèce	9 350	8 230	9 450	+1 220	+ 15	854	..	Afghanistan, Pakistan, Syrie
Australie	11 820	11 740	8 960	- 2 780	-24	391	873	Chine, Inde, Pakistan
Pologne	8 690	13 980	6 810	- 7 170	-51	177	..	Fédération de Russie, Ukraine, Géorgie
Espagne	3 310	4 500	5 900	+1 400	+ 31	126	10	Syrie, Ukraine, Mali
Japon	2 220	3 250	5 000	+1 750	+ 54	39	1	Népal, Turquie, Sri Lanka
Finlande	3 260	3 020	3 520	+ 500	+ 17	646	768	Iraq, Somalie, Ukraine
Corée	1 040	1 570	2 900	+1 330	+ 85	58	1	Égypte, Pakistan, Chine
Irlande	1 350	940	1 440	+ 500	+ 53	313	40	Pakistan, Nigéria, Albanie
Mexique	970	1 300	..	..	..		2	Honduras, El Salvador, Cuba
Luxembourg	1 450	990	970	-20	-2	1 806	..	Bosnie-Herzégovine, Serbie (et Kosovo), Monténégro
Rép. tchèque	750	500	920	+ 420	+ 84	87	..	Ukraine, Syrie, Viet Nam
Portugal	310	510	440	-70	-14	42	5	Ukraine, Pakistan, Maroc
Slovénie	290	240	360	+ 120	+ 50	175	..	Syrie, Afghanistan, Pakistan
Nlle-Zélande	320	290	290	0	0	64	751	Fidji, Sri Lanka, Pakistan
Chili	250	250	..	..	..	..	..	Colombie, Syrie
Rép. slovaque	510	280	230	-50	-18	42	..	Afghanistan, Syrie, Viet Nam
Islande	100	170	160	-10	-6	491		Ukraine, Fédération de Russie, Albanie
Estonie	70	100	150	+ 50	+ 50	114	..	Ukraine, Soudan, Fédération de Russie
Israël	3 060	..	..	..	..	..	..	Côte d'Ivoire, Soudan du Sud, Érythrée
Total OCDE	**446 660**	**550 080**	**805 510**	**+255 430**	**+ 46**	**648**	**301**	**Syrie, Iraq, Serbie (et Kosovo)**
Quelques pays non-OCDE								
Bulgarie	2 530	6 980	10 790	+3 810	+ 55	1 481	..	Syrie, Afghanistan, Iraq
Roumanie	1 740	1 500	1 550	+ 50	+ 3	77	..	Syrie, Afghanistan, Iraq
Malte	1 570	2 200	1 280	-920	-42	3 038	..	Libye, Syrie, Somalie
Lituanie	400	280	390	+ 110	+ 39	131	..	Géorgie, Afghanistan, Ukraine
Lettonie	240	190	360	+ 170	+ 89	178	..	Géorgie, Ukraine, Syrie

Source : *Perspectives des migrations internationales*, OCDE, 2015, p. 29

Dans le même ordre d'idée, l'Algérie, à partir de 2010, a accueilli sur son sol de nombreux Nigériens chassés par la misère et la famine qui sévissaient dans leur pays. Elle a aussi accueilli de nombreux Syriens. Mais c'est sans aucun doute l'Europe, et en particulier l'Italie et la Grèce, qui ont eu à faire face à une arrivée massive de Tunisiens après « la Révolution de Jasmin », de Syriens et de Libyens fuyant la guerre. De nombreux migrants originaires de différents pays d'Afrique ont tenté aussi leur chance en Europe, aspirant à une vie meilleure. Le désir d'échapper à la grande misère les pousse à tenter l'aventure au péril de leur vie. La question des réfugiés a pris une acuité telle que l'Organisation des Nations unies a cru nécessaire de lui consacrer un sommet réunissant l'ensemble des États membres. Le nombre de réfugiés a dépassé le million au cours de l'année 2016 selon l'ONU.

Les jeunes

En outre, les flux migratoires sont de plus en plus caractérisés par le nombre de jeunes qui les compose. Ces derniers sont le plus souvent originaires des pays du sud où leur nombre est important. Ainsi dans les pays arabes les jeunes représentent près de 60 % de la population. Ils ont moins de 35 ans et 25 % sont sans emploi[1]. La situation est la même en Algérie où la majorité de la population a moins de 30 ans. Elle est confrontée, elle aussi, à un chômage structurel malgré les programmes mis en œuvre pour en diminuer le poids. Parmi ces jeunes candidats à l'exil on observe une variété de catégories : des enfants voyageant seuls qui tentent de rejoindre ou retrouver leurs parents déjà émigrés, des étudiants soucieux de parfaire leur formation, des jeunes à la recherche d'un emploi, des

[1] Bhabha J., Moving Children : Lacunae in Contemporary Human Rights Protections for Migrant Children and Adolescents, *Revue Européenne des Migrations Internationales*, 2014, p. 37-57.

adolescents en quête d'épanouissement désireux de connaître d'autres horizons.

Il est à remarquer qu'un phénomène nouveau est apparu depuis les années 2000 et prend une proportion grandissante : la migration d'enfants non accompagnés. Ceci a poussé la Commission européenne à se pencher de près sur cette question. Dans son plan d'action de 2010 « Action Plan on Unaccompanied Minors », elle indique :

> « *The challenge of unaccompanied minors is growing : a considerable number of third-countries nationals or stateless persons below the age of eighteen arrive on EU territory unaccompanied by a responsible adult, or are left unaccompanied after they have entered EU territory*[1] ».

Ainsi, au début de l'année 2009, le nombre d'enfants non accompagnés arrivés en Italie s'élevait à plus de 7 000. Parmi eux, on distingue ceux qui arrivent accompagnés d'un adulte et qui se retrouvent isolés, de ceux qui arrivent sans parents ou autres adultes responsables de leur prise en charge. Pour une grande majorité, ils ne possèdent pas de documents attestant de leur nationalité, ce qui rend la situation encore plus malaisée. Selon le même Plan d'action de 2010, les demandes d'asile introduites en faveur des enfants mineurs ont augmenté de 40,6 % dans les 22 pays membres de l'Union européenne adhérant au REM, entre 2007 et 2008.

Malgré les difficultés de la traversée effectuée au péril de leur vie et les obstacles institutionnels, la proportion des jeunes migrants ne cesse d'augmenter. Ainsi, elle représente 13 % par rapport au volume global des flux migratoires. Parmi eux, on dénombrera des enfants, des adolescents ou encore des jeunes de moins de vingt ans[2].

---

[1] Bhabha J., op. cit., p. 37-57.

[2] Bhabha J., Moving Children : « Lacunae in Contemporary Human Rights Protections for Migrant Children and Adolescents », *Revue Européenne des Migrations internationales,* 2014, p. 37.

Des mesures sont envisagées pour assurer la protection de ces enfants, quelle que soit leur situation. Conformément à la Convention internationale sur les Droits de l'Enfant, un habitat doit leur être assuré, de même que la sécurité, en les préservant de menace et risques qu'ils encourent (exploitation, mauvais traitements). Des tentatives peuvent être mises en œuvre afin de retrouver les familles. En cas d'impossibilité, ces enfants et ces jeunes devront bénéficier d'un statut particulier qui aura pour effet d'assurer une intégration optimale dans le pays où ils sont établis. Il faut signaler toutefois que les jeunes ayant atteint leur majorité sont souvent retenus dans des centres où ils seront, après investigation, renvoyés dans leur pays d'origine.

Les femmes

Une autre observation s'impose : la féminisation des courants migratoires. En effet, les femmes qui émigrent pour raisons économiques, sociales ou politiques sont de plus en plus nombreuses. Alors que traditionnellement, celles-ci restaient dans le pays d'origine lorsque leur conjoint émigrait, elles tendent à l'heure actuelle à grossir les flux des migrants. Dans un premier temps, il s'agissait plus d'une migration s'inscrivant dans le cadre du regroupement familial. Mais de plus en plus, leur projet migratoire relève d'une démarche individuelle : femmes d'affaires, scientifiques, étudiantes. Le nombre des femmes diplômées n'a cessé d'augmenter ces dernières années. La part des femmes diplômées dans le secteur tertiaire était plus importante que celle des hommes, l'écart entre les deux groupes était de dix points entre 2010 et 2011. Les principaux pays d'origine étaient le Togo, le Congo, la Sierra Leone et les Maldives[1].

---

[1] « *Les migrations internationales en chiffres* », OCDE-Nations unies/DAES, 2013, p. 4.

Dans les pays en développement, le phénomène est en augmentation. Les femmes diplômées ont été les premières à émigrer dans le but de parfaire leurs études ou de satisfaire des ambitions professionnelles. Elles se dirigent essentiellement vers les pays de l'OCDE où elles trouveront un espace de liberté où l'égalité des sexes est en général une règle largement respectée. Elles choisiront les pays où il existe des contacts familiaux où la proximité géographique leur permet d'effectuer des retours fréquents dans le pays d'origine. C'est le cas des Algériennes qui sont nombreuses à s'installer en France. Mais cet état de fait tend à changer et elles émigrent de plus en plus vers les États-Unis ou le Canada, ou encore l'Italie.

Une autre catégorie de femmes est de plus en plus concernée par les mouvements migratoires : il s'agit de femmes peu ou pas qualifiées. Elles émigrent dans les pays de l'OCDE dans lesquels elles peuvent mettre en valeur leur savoir-faire traditionnel (garde d'enfants, domestique…). Ces emplois sont en hausse dans ces pays et créent des opportunités pour les femmes désireuses d'émigrer. Les Philippines sont nombreuses à migrer, en particulier vers la Grande-Bretagne et les États-Unis, et elles participent grandement au développement économique de leur pays d'origine grâce aux envois de fonds qu'elles effectuent.

> « *Although almost half the 175 million migrants in the world today are woman, state laws are still ill equipped to reflect this reality. (...) In a number of labour-exporting countries, woman account for the majority of labour emigrants (...). In countries like the Philippines and Bangladesh, they are increasingly the main source of family support, contributing substantially to economic growth through their earnings and remittances*[1]. »

[1] IOM, « *Managing migration : Challenges and responses for people on the move* », World Migration, 2003, p. 276.

Les femmes algériennes sont, elles aussi, concernées, elles sont de plus en plus nombreuses à émigrer vers la France essentiellement, où elles projettent d'occuper des emplois d'assistantes maternelles ou encore dans la restauration.

La diversification des flux migratoires est, nous le voyons, d'une grande importance. Elle se caractérise d'abord par la modification des courants migratoires et des directions qu'ils prennent : des pays d'émigration deviennent des pays d'immigration et vice versa tandis que d'autres constituent des pays de transit. Cette diversification s'exprime aussi à travers la multiplicité et la diversité des catégories de migrants qui enrichissent la composante des flux migratoires.

Ce bref tour d'horizon a eu pour objectif de montrer l'accroissement des migrations internationales. Selon les projections des Nations unies pour les années à venir, les mouvements migratoires continueront de croître. Selon le scénario médian des Nations unies :

> « Durant la période 2015-2020, le taux moyen annuel de variation de la population due au solde naturel (taux de natalité moins taux de mortalité), projeté pour l'Union européenne à 25, serait négatif (-0.7 pour mille habitants soit 285 000 décès de plus que de naissances). Neuf pays de l'Union seulement, dont la France, pourraient conserver un accroissement naturel positif... dès lors toute croissance démographique européenne paraît ne plus pouvoir reposer que sur l'immigration ; 85 % de l'accroissement démographique européen serait ainsi d'ores et déjà imputable à l'immigration[1]. »

À cette augmentation sensible des flux migratoires, s'ajoutent les changements perceptibles quant à leur composante.

---

[1] Almeras G., Jolly C., Kawakibi S., *Méditerranée 2030*, IPEMED (Institut de prospective économique du monde méditerranéen), Paris, 16 février 2009, p. 132.

L'étude des migrations internationales soulève des questions liées au développement, les relations entre migrations et développement sont désormais admises. Le sous-développement apparaît comme une cause des migrations et la migration constitue un moteur du développement.

CHAPITRE III

Migrations et développement

Les migrations internationales se sont amplifiées touchant la majeure partie des pays et entraînant des effets aussi bien pour les pays d'accueil que pour les pays d'origine. Plus qu'à toute autre époque, la relation entre migrations et développement apparaît comme indiscutable. Il est admis désormais que le sous-développement est, à bien des égards, à l'origine du phénomène migratoire. Mais, il est aussi reconnu que les migrations ont des incidences sur le développement des pays d'origine et d'accueil.

La CNUCED a été, sans doute, la première à mettre en évidence le lien entre migration et développement en investissant un domaine qui était alors du ressort exclusif de l'Organisation internationale du Travail (OIT), celui des migrations et des migrants. Elle se proposait d'aborder la question de la migration des personnes hautement qualifiées sous l'angle du développement. Si les études menées dans ce cadre n'ont pas eu les retombées escomptées, elles ont cependant permis de montrer les écarts entre les principaux PI d'accueil d'une part, et les pays du Sud, fournisseurs de main-d'œuvre qualifiée, d'autre part.

Les mutations enregistrées depuis les années 2000 ont quelque peu transformé la nature du phénomène migratoire, le rendant plus complexe. Néanmoins, il reste à l'heure actuelle que le sous-développement, appréhendé dans ses différentes dimensions, explique en grande partie le départ de migrants de leur pays pour s'établir dans d'autres où les conditions de vie et de sécurité sont meilleures. Mais l'apport des migrants au développement du pays hôte et du pays d'origine sont également et davantage mis en lumière. Le migrant est considéré, à l'heure actuelle, comme un vecteur du développement.

SECTION I. LE SOUS-DÉVELOPPEMENT À L'ORIGINE DES MIGRATIONS

Il est aujourd'hui admis que les migrations sont dues au sous-développement. Les pays en développement, depuis la fin des années 1950, connaissent de façon diverse des situations de sous-développement qui génèrent des conditions économiques, sociales et politiques poussant leurs habitants à émigrer. Le sous-développement a fait l'objet de différentes approches.

1. Sous-développement : les différentes approches

Le sous-développement a été appréhendé différemment tout au long de ces cinquante dernières années. Après le constat des inégalités économiques et sociales, la notion de sous-développement a évolué pour s'inscrire dans une dimension nouvelle, celle du développement durable et de la bonne gouvernance.

Sous-développement, croissance et développement humain

Une grande partie des pays souffre de sous-développement, et cela depuis la fin de la Seconde Guerre mondiale. Les pays nouvellement indépendants arrivent sur la scène internationale, forts de leur souveraineté politique. Ils sont cependant confrontés à des difficultés économiques qui les maintiennent dans une situation de dépendance à l'égard des pays les plus puissants. La majeure partie s'installe dans une grande pauvreté.

Dès la fin des années 1950, la question du sous-développement est posée et des politiques sont envisagées pour trouver une solution à cet état de fait. Les Nations unies[1] mettent sur pied des programmes destinés à promouvoir le développement de ces pays qui sont désormais classés dans la catégorie des pays du tiers monde[2]. Les aspects économiques, en particulier ceux liés à la croissance ont focalisé l'attention des experts et autres économistes sur les questions de développement.

À la fin des années 1960, le constat est sans appel : les politiques mises en œuvre n'ont pas eu les résultats escomptés, bien au contraire. Les pays sous-développés ont vu leur croissance diminuer et l'écart qui les sépare des pays industrialisés n'a fait qu'augmenter. Selon une étude publiée par le PNUD en 1998, les 20 % de la population mondiale habitant les pays riches se partagent 86 % de la consommation privée totale, contre 1,3 % pour les 20 % vivant dans les pays les plus pauvres. Le PNUD notait par ailleurs un appauvrissement des pays sous-développés : en 1995, le revenu des pays les plus riches était 82 fois supérieur à celui des pays en développement, alors qu'en 1960 ce rapport n'était que de 30.

Le sous-développement a longtemps été apprécié du seul point de vue de la croissance, le critère utilisé étant le PNB (Produit national brut) par habitant, corrigé des Parités de Pouvoir d'Achat (PPA). Cet indicateur permet la

---

[1] Résolution 1 515 (XV) de l'Assemblée générale des Nations unies relative à « l'Action concertée en vue du développement économique des pays économiquement sous-développés », 15/12/1960.

[2] Alfred Sauvy a été le premier économiste à introduire le terme de « tiers monde » en référence au « tiers état » dans l'histoire de France. Voir Lacoste Y., *Géographie du sous-développement*, Magellan, PUF, 1965.

comparaison des niveaux de vie des habitants ou des niveaux de production entre deux ou plusieurs pays, cela en se référant à la même monnaie, généralement le dollar. Il permet, de plus, d'évaluer le rythme de croissance et, de façon plus large, le niveau de développement des pays.

Revenu par habitant des régions en développement, en pourcentage du revenu par habitant des pays industrialisés, mesuré en parité de pouvoir d'achat

	1965	1975	1985	1996
NPI (Corée du Sud, Hongkong, Singapour, Taiwan)	18	28	40	69
Autre NPI (Chili, Indonésie, Thaïlande, Malaisie)	14	14	18	27
Chine	5	5	7	14
Amérique latine hors pays pétroliers	34	37	32	28
Pays pétroliers	30	42	32	22
Proche-Orient hors pays pétroliers	24	26	24	21
Autres pays d'Asie	9	7	7	7
Afrique hors pays pétroliers	13	12	9	7

Source : *Alternatives économiques*, hors-série, n° 36, 2e trim. 1998, *in* Beitone A., Buisson E., Dollo C., Le Masson E., *Économie, collection Aide-mémoire*, Dalloz, 2001, p. 418.

Ainsi, selon S. Kuznets[1], le sous-développement peut être apprécié de façon relative en comparant sur le long terme les rythmes de croissance des différents pays.

En effet, entre 1970 et 1998, sur un total de 98 pays en développement, sept connaissent une croissance de leur PIB supérieure à 3,75 %, 16 affichent une croissance entre 2 % et 3,75 %, 43 pays connaissent une croissance entre 0 % et 2 % et enfin 32 pays connaissent une diminution de leur production (taux de croissance négatif).

La disparité de ces taux de croissance a conduit à un classement des pays en développement en plusieurs catégories. On distingue :

- les pays qui se rapprochent rapidement des niveaux de développement des pays industrialisés (ils sont au nombre de sept),

[1] Économiste (1901-1985), prix Nobel en 1971.

– ceux qui se rapprochent lentement du niveau de développement des pays industrialisés avec une croissance se situant entre 2 et 3,75 % (ils sont au nombre de 16),
– les pays qui connaissent une diminution de leur croissance par rapport aux pays industrialisés (on en dénombre 43),
– et enfin les pays qui ne connaissent aucune croissance et qui sombrent dans le sous-développement et la pauvreté.

La CNUCED, pour sa part, classe les pays du tiers monde en trois catégories : les pays exportateurs de pétrole, les pays nouvellement industrialisés et les pays les moins avancés.

Quant à la Banque mondiale, elle classe les différents pays en fonction du PNB par habitant en trois groupes : les pays à revenus élevés (PRE), les pays à revenus intermédiaires (PRI) et les pays à faibles revenus (PRF).

Les pays d'Asie du Sud-Est, classés jusqu'aux années 1960 comme PED, sont considérés, à l'heure actuelle, comme des pays nouvellement industrialisés ou pays émergents.

Néanmoins, au sein des économistes, un mouvement se dessine qui propose une nouvelle approche du sous-développement. F. Perroux considère que l'une des caractéristiques du sous-développement est l'incapacité économique des PED à satisfaire les besoins essentiels de leur population (alimentation, éducation, santé)[1]. Il souligne par ailleurs que le sous-développement est marqué par un retard technologique qui est de nature à maintenir les pays sous-développés dans une dépendance vis-à-vis des pays industrialisés.

---

[1] Sur l'ensemble de ces points voir Beitone A., Buisson E., Dollo C., Le Masson E., *Économie*, collection Aide-mémoire, Dalloz, 2001, p. 415 et suiv.

Ainsi, le rapport du PNUD de 1998 estimait que plus d'un milliard de la population mondiale n'était pas en mesure de satisfaire ses besoins essentiels de consommation. Sur les 4,4 milliards d'habitants que comptent les PED, près des trois cinquièmes ne bénéficient pas d'infrastructures sanitaires de base. Près d'un tiers n'a pas accès à l'eau potable. Un quart ne dispose pas de logement décent. Un cinquième n'a pas accès aux services de santé modernes tandis qu'un cinquième des enfants ne poursuivent pas leur scolarité au-delà du cycle primaire. Près de deux milliards d'individus souffrent de malnutrition[1].

En 1990, le PNUD introduit l'Indicateur de Développement humain (IDH) qui permet d'apprécier non seulement le niveau de développement des pays, mais aussi d'envisager des politiques d'ajustement qui tiennent compte de certaines inégalités. En effet, il arrive souvent que la croissance économique enregistrée par certains pays ne se traduise pas par une amélioration équitable du bien-être de la population. C'est un indicateur multidimensionnel qui évite de se référer au seul PNB. Il prend en compte le revenu par habitant, l'espérance de vie à la naissance, le taux d'alphabétisation des adultes et le taux de scolarisation des enfants. Ces éléments sont considérés comme primordiaux pour le développement et correspondent à la satisfaction des besoins essentiels (niveau de santé, niveau de savoir, niveau de vie)[2].

Le classement des pays en matière de développement varie considérablement selon que l'on utilise des indicateurs quantitatifs ou qualitatifs comme l'IDH. Ainsi, selon le PNUD, en 1998 le Canada occupe la première place en termes d'IDH et la huitième si l'on considère uniquement le PIB par habitant (corrigé de la PPA). Le Koweït, en re-

---

[1] *Économie*, collection Aide-mémoire, *op. cit.*

[2] Voir http://hdr.undp.org/fr/content/indice-de-d%C3%A9veloppement-humain-idh

vanche, occupe la cinquième place en termes de PIB par habitant (corrigé de la PPA) et la trente-sixième place si l'on se réfère à l'IDH.

À partir des années 2000, les Nations unies constatent que le sous-développement touche toujours les pays du Sud et optent pour une nouvelle stratégie en fixant des objectifs de développement durable pour le millénaire.

Sous-développement, environnement et bonne gouvernance

Dès les années 1970, certains auteurs tirent la sonnette d'alarme en attirant l'attention sur le fait que l'industrialisation excessive entraîne des atteintes à l'environnement qui mettent en péril les équilibres de la planète et l'avenir de l'humanité. Cette question s'invite de plus en plus dans les débats et discussions parmi les chercheurs et au sein des enceintes internationales. Le développement ne saurait désormais être envisagé sans qu'une attention particulière ne soit portée aux questions environnementales. Le développement s'apprécie aujourd'hui à l'aune de trois indicateurs : la croissance économique, le développement humain et l'environnement.

La conférence de Stockholm qui s'est tenue en 1972 accorde une place essentielle à la protection de l'environnement dans les négociations internationales. Elle met en évidence les oppositions qui peuvent exister entre les objectifs de développement et la viabilité de l'environnement. Ces négociations ont permis de mettre en lumière les divergences de vues qui opposent les pays industrialisés aux pays en développement. Les premiers ont pour préoccupation les conséquences d'une industrialisation excessive (déforestation, désertification, atteintes à la biodiversité) alors que les pays en développement veulent avoir leur part de croissance et d'industrialisation.

Peu à peu, la notion de développement durable s'impose en s'élargissant. Cette notion est encore plus complexe que celle du sous-développement et encore plus mal aisée à cerner. La Commission Bruntland en donnera une définition pour la première fois en 1987 : « Le développement durable est un développement qui permet à la génération présente de répondre aux besoins du présent sans compromettre la capacité des générations futures à répondre à leurs besoins[1] ». Cette définition est porteuse d'ambiguïté, elle sera interprétée différemment par les États.

Les pays industrialisés entendent maintenir leur niveau de développement, mais en le réorientant pour assurer les mêmes conforts à leurs enfants. Pour les pays en développement, il s'agit de répartir plus équitablement le fruit du développement tout en préservant une part des richesses pour les générations futures. C'est ainsi que les discussions sur les relations entre préservation des ressources naturelles et croissance démographique mettent en évidence des points de vue divergents entre ces deux groupes de pays. Pour les premiers, les pays en développement devraient mettre en place des programmes destinés à limiter la croissance démographique bien plus élevée que la leur, en revanche les pays du Sud considèrent que les pays industrialisés devraient ralentir le rythme d'exploitation des ressources naturelles en favorisant une répartition plus équitable entre les différents pays.

Désormais la question environnementale s'inscrit dans les politiques de développement. Une rencontre internationale s'est tenue à Rio en 1992 : le Sommet de la Terre. À cette occasion, les pays industrialisés se sont engagés à apporter une aide aux pays du Sud équivalent à 0,7 % de leur PIB si ces derniers inscrivaient dans leur politique de développement les questions environnementales[2]. Le pro-

[1] Flipo F., *Le développement durable*, 3e édition, Éditions Bréal, collection Thèmes & Débats, 2014.

[2] Cet engagement n'a pas été tenu : au cours des années 1990 seuls 45 milliards sur les 125 milliards escomptés ont été perçus par les pays du Sud.

tocole de Kyoto, signé en 1997, est un premier instrument juridique dont la portée est certes limitée mais qui constitue néanmoins un cadre pour les négociations au niveau international.

L'Organisation des Nations unies recense en 2000 un certain nombre d'objectifs pour le millénaire[1] : lutte contre l'extrême pauvreté, accès à l'eau et autres besoins essentiels, actions pour la paix, etc. Cette nouvelle orientation repose sur le constat alarmant de sous-développement d'une grande partie des pays du Sud : les Pays les moins avancés (PMA).

La majeure partie de la population de ces pays vit dans un grand dénuement et les objectifs de développement durable fixés par les Nations unies visent à en réduire l'importance. Ainsi, grand nombre de PMA connaissent des situations de grande pauvreté. L'Éthiopie en est un exemple. La population vit avec un dollar par jour par habitant. L'extrême pauvreté de la population éthiopienne devra être réduite selon les objectifs du développement à l'horizon 2015. Le revenu par habitant est passé d'un à deux dollars[2].

L'accès à l'eau potable n'est pas possible pour une bonne partie de la population des pays du Sud[3] en raison du manque de moyens financiers. Seuls 80 milliards de dollars sur 180 sont disponibles pour assurer l'accès à ce service au coût du marché. Le même constat peut être fait en matière d'éducation dont l'accès est inégalitaire à bien des égards : sur les 20 % de la population mondiale de

[1] Déclaration du millénaire (AG des Nations unies, septembre 2000, document A/RES/55/2), Objectifs du millénaire pour le développement (OMD).

[2] *L'industrialisation et l'urbanisation au service de la transformation de l'Afrique*, Rapport économique sur l'Afrique, Nations unies, Commission économique pour l'Afrique, 2017.

[3] Evin J.-P., Thill G., *L'eau, patrimoine mondial commun*, Presses universitaires de Namur, 2002

plus de 15 ans qui sont analphabètes, la presque totalité (98 %) vit dans les pays en développement.

Le travail des enfants est un élément essentiel expliquant cette situation. Selon l'OIT et l'UNICEF, 250 millions d'enfants âgés de 5 à 14 ans travaillent pour subvenir à leurs besoins et ceux de leurs familles, soit un enfant sur quatre. Cette proportion atteint quatre sur dix en Afrique[1]. La question du travail des enfants, l'inégalité entre les sexes sont des aspects saillants du sous-développement et constituent des préoccupations liées à la bonne gouvernance des États. En effet, les différentes conventions internationales relatives aux droits des enfants, à la lutte contre le travail de ces derniers, celles relatives à l'élimination de toute forme de discrimination à l'égard des femmes sont autant d'instruments juridiques qui contribuent à promouvoir le respect et la garantie des droits de la personne humaine et de sa dignité.

Les Nations unies ont intégré parmi les objectifs de développement durables à atteindre à l'horizon 2015, l'amélioration des institutions des pays du Sud dans le sens d'une plus grande transparence démocratique. Les États doivent, par ailleurs, prendre des mesures pour promouvoir la place de la femme dans la société : entrepreneuriat, accès aux postes de responsabilités, etc.

Pour certains auteurs, il y a là une influence de la pensée libérale véhiculée par les pays occidentaux qui font de la culture des droits de l'homme un élément essentiel du développement alors que les indicateurs sociaux (pauvreté, accès à l'éducation et à la santé) sont encore bien caractéristiques du sous-développement des pays du Sud. Pourtant, il semble bien que la stabilité politique et la diminution de la corruption pourraient avoir des effets

---

[1] Voir Sacquet A.-N., *Atlas mondial du développement durable*, coll. Atlas/Monde, Autrement, Paris, 2002.

tangibles sur l'amélioration des conditions socio-économiques prévalant dans ces pays.

Ce tour d'horizon des approches du sous-développement et les objectifs de développement donnent la mesure des conditions souvent désastreuses dans lesquelles vit une grande partie de la population des pays du Sud. Celles-ci seraient de nature à expliquer leur désir d'émigrer.

2. Les conditions économiques, sociales et politiques à l'origine de l'émigration

Les pays sous-développés sont caractérisés par des conditions économiques et sociales qui ne permettent pas toujours à leur population de satisfaire leurs besoins essentiels. Ils sont par ailleurs bien souvent privés des droits fondamentaux leur permettant d'exprimer librement leurs opinions quand ils ne sont pas confrontés à des situations de conflit mettant en péril leur vie et celle de leur famille.

L'une ou l'ensemble de ces conditions motivera le désir de partir chez ces femmes et ces hommes qui iront chercher une vie meilleure dans un autre pays.

Les causes socio-économiques favorisent l'émigration

L'attrait de meilleures conditions de vie est, sans conteste, la raison essentielle qui pousse les personnes à émigrer, qu'elles soient peu ou pas qualifiées ou qu'elles soient dotées de compétences. Les pays en développement se caractérisent, dans leur grande majorité, par une population jeune qui cherche à travailler dans des conditions décentes en contrepartie d'un salaire juste et équitable[1]. Or, ces conditions sont loin d'être réunies : les rémunérations

[1] Voir la Déclaration universelle des Droits de l'Homme (article 23) et la recommandation n° 122 sur la politique de l'emploi, BIT, Genève, 15 juin 1964.

sont très peu élevées et ne permettent pas aux habitants de ces régions de subvenir à leurs besoins et à ceux de leur famille. Les écarts de revenus que l'on peut observer au niveau mondial entre les pays industrialisés et les pays en développement expliquent dans une large mesure l'attrait de ces pays, devenus des destinations privilégiées pour les habitants du tiers monde. « (…) en 2005, le coût horaire du travail pour les biens manufacturés est 35 fois moins élevé en Chine qu'en France[1] ».

Pour les personnes très qualifiées qui disposent d'un revenu plus élevé que les travailleurs non qualifiés, l'amélioration de leur « standing » est aussi un motif d'émigration qui s'inscrit dans le même ordre d'idée. De plus, ils recherchent bien souvent des conditions de travail et un environnement professionnel leur permettant de mettre en valeur leurs compétences.

En outre, le chômage est un second motif de départ. Ce problème touche, à l'heure actuelle, tous les pays, quel que soit leur niveau de développement. Cependant, il prend une acuité toute particulière dans les PED[2] qui ne disposent pas, pour la majeure partie d'entre eux, d'un système de protection sociale qui, lorsqu'il existe, est peu efficient. Le chômage touche aussi bien les personnes non qualifiées que les diplômés qui sont de plus en plus nombreux sans emploi après l'achèvement de leurs études.

L'émigration des personnes ayant obtenu un diplôme de l'enseignement supérieur ou de niveau équivalent a pris une ampleur d'une grande importance. Ces personnes hautement qualifiées et qualifiées auront plus de chances de trouver un emploi correspondant à leurs qualifications dans un pays industrialisé qui dispose d'infrastructures

---

[1] Guillochon B., *La Mondialisation, une seule planète, des projets divergents*, Petite encyclopédie Larousse, 2009, p. 53.

[2] Voir http://www.ilo.org/global/about-the-ilo/multimedia/maps-and-charts/enhanced/WCMS_514559/lang--en/index.htm

leur permettant de s'insérer dans le monde du travail (centres de recherche, laboratoires...).

Si l'amélioration des conditions de vie passe évidemment par l'obtention d'un revenu satisfaisant, elle se traduit aussi par la recherche d'un bien-être social pour le migrant lui-même mais également pour sa famille. L'accès à l'éducation et aux soins de santé sont autant d'objectifs qu'il n'aurait pu réaliser s'il était resté dans son pays. Cet environnement est d'autant plus attrayant que le mode de vie occidental a tendance à se répandre à travers le monde par le biais des différents canaux audio-visuels ; ce mode de vie « occidental » devient à bien des égards la norme, le standard pour tous les habitants de la planète.

Il convient de souligner une autre raison qui motive le départ des candidats à l'émigration : la recherche d'un épanouissement individuel[1]. Pour une grande partie d'entre eux, et cela concerne particulièrement les jeunes, le manque de perspectives limite les horizons. Cette explication résumée en quelques mots renvoie à des situations diverses et quelque peu complexes. Les pays du Sud sont caractérisés par une dualité. D'un côté, un corps social qui vit selon des normes traditionnelles et conservatrices en se référant à des traditions ancestrales ou à des valeurs religieuses. Celles-ci sont bien souvent de nature à enfermer les individus dans un carcan qui ne permet pas ou peu l'expression des individualités. De l'autre côté, existe un second groupe social qui reprend à son compte des valeurs dites « universelles » traduisant une certaine modernité.

> « Le cas de l'Algérie s'inscrit dans cette problématique. Une tradition encore vivace, une technologie envahissante et un monde extérieur puissant reflètent une image qui se concrétise au fur et à mesure que la puissance de la technique efface les survivances du passé... C'est au niveau de ce point de rencontre que se produit le choc entre deux sociétés, l'une traditionnelle valorisant la modestie, la discrétion et même

[1] Déclaration universelle des Droits de l'Homme, article 27.

l'austérité, l'autre plus expansive encourage l'individu à s'assumer par sa réussite sociale et sa richesse. L'égoïsme n'est plus considéré comme une tare s'il permet l'accès à un statut social fondé sur la richesse et la consommation[1]. »

Il est à souligner que la limite entre « tradition » et « modernité » n'est pas toujours facile à tracer. Il existe en effet une interpénétration à des degrés différents des systèmes de valeurs traditionnelles et modernes. Certains, ancrés dans la tradition s'ouvriront néanmoins au monde moderne alors que d'autres, ancrés dans la modernité, n'en restent pas moins attachés à certaines valeurs traditionnelles. Cette coexistence génère un choc des cultures qui est un facteur de déséquilibre pour les habitants de ces régions.

Ainsi, les filles, si elles peuvent avoir accès à l'instruction, sont soumises à une pression permanente, celle de réussir. En cas d'échec, elles devront rejoindre le cercle de la domesticité et se préparer au mariage. Cette pression continue même après qu'elles ont suivi un cursus universitaire et obtenu un diplôme. Elles sont contraintes d'opter pour la prise en charge des tâches familiales au détriment d'une activité professionnelle. En Algérie, le nombre des femmes diplômées de l'enseignement supérieur ou de niveau équivalent a connu une augmentation considérable. En revanche elles sont peu nombreuses à occuper un emploi ou à avoir intégré le monde de l'entrepreneuriat[2].

Les jeunes, même s'ils ont un emploi et occupent un logement, se plaignent d'un environnement dénué d'activités culturelles et de loisirs.

---

[1] Smati M., « Le nouveau modèle algérien de consommation et ses rapports avec la technologie », *Revue de sociologie*, Université d'Alger, 1986, n° 2, p. 45-46.

[2] Elles seraient (statistiques de 2018) environ 150 000 femmes chefs d'entreprise (hors professions libérales et activités agricoles) sur un total de plus de 1,96 million de chefs d'entreprise.

En dernière analyse, c'est le désir de liberté leur permettant de réaliser leurs rêves qui les conduit à choisir l'émigration, quelle que soit la difficulté. Les pays occidentaux apparaissent comme des « pays de cocagne » où l'épanouissement des individualités est possible.

Ce désir de liberté est d'autant plus exacerbé que les nouveaux moyens de communication rapprochent la culture occidentale des pays du Sud grâce aux nouveaux moyens de communication et à la démocratisation des moyens de transport du fait de la baisse des coûts.

Si l'attrait de conditions de vie matérielles meilleures et la recherche d'un épanouissement individuel entrent fréquemment dans la décision de partir, le manque de démocratie et l'instabilité politique sont également des motifs non négligeables.

Émigration et contraintes socio-politiques

Les causes d'ordre politique qui expliquent le désir d'émigrer sont nombreuses et diverses. Pour certains, les atteintes aux libertés et aux droits fondamentaux font naître chez les habitants des pays du Sud le désir de s'expatrier. Pour d'autres, c'est l'instabilité politique ou les situations de conflit sévissant dans ces pays qui sont les causes majeures de l'émigration.

Dans bon nombre de pays en développement, il est souvent constaté des atteintes plus ou moins importantes aux droits des citoyens. Ces États membres des Nations unies ont pourtant le devoir de respecter les dispositions de la Déclaration universelle des droits de l'Homme et des conventions internationales qu'ils ont ratifiées[1]. Pourtant, les libertés publiques ne sont pas toujours considérées comme des normes de référence. Souvent, on observe une limitation de la liberté d'expression, ou encore

[1] Voir les objectifs des Nations unies (en particulier article 1-3 de la Charte des Nations unies)

l'interdiction d'avoir une activité politique ou autre qui puisse remettre en cause le pouvoir en place. Cela se traduira par une répression plus ou moins violente selon les cas, ou le plus souvent par une inertie des institutions qui empêchent toute initiative. L'alternance à la direction des affaires de l'État est alors quasi impossible. Il s'ensuit une sclérose de la société fortement encadrée par une administration puissante et bureaucratique[1].

Dans d'autres cas, c'est le pouvoir militaire qui est aux commandes de la vie publique. Dans ces cas-là, les ressortissants de ces pays ne jouissent pas de leur statut de citoyens. Ils peuvent être agents économiques et participer à la vie sociale, mais ils sont exclus de la vie politique et ne participent pas à la prise de décision et vivent par procuration. Ils doivent subir les dysfonctionnements qu'ils constatent quotidiennement au sein de la société, sur leur lieu de travail : malversation, corruption, manque de transparence, passe-droits.

À cela, viendront s'ajouter des pratiques qui trouvent leur origine dans l'organisation traditionnelle de la société ; le népotisme, le clientélisme sont, à bien des égards, des facteurs d'instabilité. En effet, la valeur personnelle de l'individu est souvent supplantée par les relations sociales ou familiales, ce qui démotive les travailleurs qui peuvent être écartés d'un poste de responsabilité auquel ils auraient pu prétendre.

Enfin, l'exclusion des populations vulnérables de la vie sociale, comme les personnes handicapées, les femmes mais aussi les jeunes, ne fait qu'accroître le sentiment de malaise, alimenté par le manque de perspectives de voir un changement s'opérer sinon par le recours à la violence.

---

[1] Voir *Pour une meilleure gouvernance dans les pays du Moyen-Orient et l'Afrique du Nord : renforcer l'inclusion sociale et la responsabilité*, Banque mondiale, Éditions ESKA, 2004, 279 p.

La conjugaison de ces différents éléments ne contribue évidemment pas à la construction d'une vie démocratique telle qu'elle existe dans les pays occidentaux. L'attrait de ces pays ne peut que grandir face au manque d'espoir de participer à la transformation de la société où ils vivent. Ces aspects de la vie politique qui enferment la population dans un carcan, ne leur offrant que peu d'ouvertures peuvent prendre, dans certains cas, une dimension plus violente allant jusqu'à mettre en péril la vie des personnes.

L'instabilité politique et les conflits qui sévissent dans un grand nombre des pays en développement entravent considérablement le développement de ces pays. Ils génèrent évidemment des conditions de vie très difficiles qui poussent les populations concernées à opter pour une seule solution : l'exil. Cet état de fait est dû à plusieurs facteurs que l'on pourrait regrouper en deux catégories : les atteintes à l'environnement, d'une part, et les luttes pour la prise ou le partage du pouvoir, d'autre part.

Les changements climatiques et la raréfaction de certaines ressources naturelles comme l'eau sont constatés un peu partout dans le monde. Les conséquences peuvent être dramatiques pour les populations concernées ; celles-ci sont contraintes de quitter leur région pour s'établir dans d'autres plus hospitalières. Cet accroissement du nombre d'habitants peut être une source de tensions entre les nouveaux venus et les autres. Ces tensions peuvent dégénérer en conflit comme cela a été le cas par exemple pour l'accès à l'eau, en quantité insuffisante pour répondre aux besoins de familles devenues trop nombreuses.

Il est à noter que, depuis quelques années, certaines populations se sont élevées contre des projets de développement initiés par l'État ou encore par les entreprises multinationales qui étaient de nature à mettre en péril l'équilibre fragile de leur environnement. C'est ainsi que dans le Sud algérien, en 2014, les populations de In Salah se sont opposées au projet de l'exploitation de gaz de schiste initié par la Sonatrach[1] au motif qu'une telle activité pourrait avoir des conséquences sur la pollution de la nappe phréatique, ressource essentielle pour les populations sahariennes[2]. D'autres exemples ont pu montrer que certains peuples ont invoqué leur droit au développement pour empêcher des activités de certaines entreprises multinationales jugées nuisibles pour leur environnement ; elles ont intenté des actions au niveau des juridictions africaines[3].

Les situations de conflits ponctuels prennent dans d'autres cas une dimension plus intense et plus durable. C'est le cas lorsque les enjeux se cristallisent autour de la prise du pouvoir. Force est, malheureusement, de constater que ces situations touchent un nombre important de pays du Sud qui sont confrontés à ce type de problèmes. Il s'agit quelquefois d'une compétition entre deux groupes ethniques qui revendiquent chacun le pouvoir, chacun se réclamant de la légitimité à le détenir. À titre d'exemple, on peut citer le cas du Rwanda qui s'est rendu tristement célèbre par le génocide perpétré par les Hutus contre les Tutsis au cours de l'année 1994. Il peut s'agir d'une rivalité entre deux factions religieuses ou la volonté d'une mouvance qui cherche à imposer sa pensée et de manière plus large son idéologie. Le conflit qui oppose les sunnites et les chiites plongent jusqu'à aujourd'hui un grand nombre de pays du Moyen-Orient dans l'instabilité politique. Enfin, certaines guerres sont menées par un ou plusieurs groupes désireux de retrouver leur unité perdue après le partage effectué par les grandes puissances colo-

---

[1] Compagnie algérienne qui détient le quasi-monopole sur l'exploitation et la commercialisation des hydrocarbures en Algérie.

[2] Voir http://www.humanite.fr/algerie-manifestation-salah-contre-le-gaz-de-schiste-562037

[3] Serrurier, E., « L'évolution du droit au développement devant les juridictions et quasi-juridictions régionales africaines », *Revue Tiers Monde*, n° 226-227, 2016, p. 173-192.

niales. C'est le cas des Kurdes dans la région du Moyen-Orient.

Ces luttes pour le pouvoir renvoient bien souvent à la maîtrise des ressources naturelles qui sont pour ces pays la seule ou du moins la plus importante source de revenus.

Ce bref tour d'horizon a permis de mettre en lumière la portée du sous-développement dans le processus migratoire. Le retard économique accusé par les pays du Sud, les conditions socioculturelles générées par celui-ci sont, à bien des égards, une cause de l'émigration des populations les plus pauvres vers les pays les plus riches. La recherche de meilleures conditions de vie, qu'ils trouveront le plus souvent dans les pays les plus avancés, est souvent un leitmotiv pour les candidats à l'émigration. L'environnement sociopolitique et les situations de conflit ont par ailleurs un impact indéniable sur les mouvements migratoires.

Si l'ensemble de ces causes génèrent un climat favorisant l'émigration, il n'en demeure pas moins que le départ des migrants relève avant tout d'une décision, d'une trajectoire individuelle. À ce titre, les migrants apparaissent comme des personnes désireuses de s'en sortir. Elles sont porteuses d'un projet qu'elles tenteront de réaliser. Pour ce faire, elles acceptent d'affronter l'inconnu et les difficultés. Aussi, les migrations constituent-elles également un moteur du développement.

SECTION II. LES MIGRATIONS, FACTEURS DE DÉVELOPPEMENT

Les migrations internationales ont, depuis quelques années, été appréhendées sous un angle nouveau. Elles apparaissent de plus en plus comme un catalyseur du développement. Depuis les années 1950, les politiques de développement se sont enchaînées mettant davantage en jeu le droit au développement. À l'heure actuelle, ces politiques reposent avant tout sur les principes du co-développement et du partenariat. Le migrant y joue une part importante, il est présenté comme un agent du développement contribuant, d'un côté, à l'essor économique et à la diversité culturelle des pays d'accueil et, d'un autre côté, aux avancées socio-économiques de son pays d'origine grâce à des transferts financiers et/ou technologiques.

1. L'évolution des politiques en faveur du développement

À la fin des années 1950, un certain nombre de politiques sont envisagées pour favoriser l'essor économique des pays en voie de développement. Elles évolueront en fonction des conjonctures et des mutations de l'économie mondiale. Les premières politiques de développement auront pour objet essentiellement l'assistance et la coopération technique.

Les pays en voie de développement recourront aux programmes d'assistance technique pour mettre en place les infrastructures dont ils manquent cruellement. Après avoir identifié leurs besoins, ces derniers feront une demande d'assistance aux pays industrialisés par le biais d'accords bilatéraux ou multilatéraux ou encore dans le cadre de programmes initiés par les Nations unies.

L'Italie, lors de la Conférence de Belgrade en 1967 donnait de l'assistance technique la définition suivante : « l'assistance technique est la somme des mesures susceptibles de réduire le sous-développement, d'accroître la productivité du travail et de relever le niveau de vie des populations ». La résolution 1515 de l'Assemblée générale des Nations unies du 15/12/1960 relative à « l'Action concertée en vue du développement économique des pays économiquement sous-développés » et la résolution 906 du Conseil économique et social du 2 août 1962 relative aux « Tendances des programmes de coopération technique des Nations unies » serviront de fondement aux politiques d'assistance technique.

À celles-ci s'ajoutent les programmes de coopération technique qui s'attachent à promouvoir la formation ou les échanges en matière de recherche. Un consensus de la communauté internationale semblait s'être dégagé autour de cette question si l'on en juge par le nombre de résolutions adoptées en la matière par différentes instances internationales et en particulier par l'Assemblée générale des Nations unies. Ainsi, la résolution 1824 adoptée le 18/12/1962 relative au rôle des Nations unies dans la formation du personnel technique national en vue de l'industrialisation des PVD, fixe le cadre dans lequel devront s'inscrire les programmes de coopération. Les pays industrialisés sont largement impliqués dans ce type d'action. C'est ainsi qu'en mai 1977, la résolution 47 (XI) sur le transfert des techniques est adoptée par l'ONUDI[1]. D'autres organismes sont concernés comme l'AIEA, l'OMS et l'OIT.

Au cours des années 1970, les pays en développement revendiquent avec plus de force leur droit au développement ; le renforcement de leur pouvoir de négociation est rendu possible par la constitution du groupe des « 77 ». Les résolutions 3201/15 (VI) et 3281 (XXXIX) de l'Assemblée générale des Nations unies[2] étaient censées contribuer à la transformation de l'ordre existant[3].

La mise en place d'un Nouvel Ordre économique international repose sur deux idées essentielles. Tout d'abord la solidarité, fondement des relations internationales, doit

---

[1] Résolution 4e (XI) : Coopération internationale en matière de transfert de technologie, ONUDI, 11e session du 23 mai au 6 juin 1977.

[2] Résolution 3201/15 (VI) de l'Assemblée générale du 1er mai 1974 (3202) sur l'instauration d'un NOEI et résolution 3281 (XXXIX) de l'Assemblée générale du 19 décembre 1974 : « Charte des droits et devoirs économiques des États ».

[3] *Droit international du Développement*, Colloque d'Alger du 11 au 14 octobre 1976, I.P.A, Alger, 1978.

être appréhendée sous un angle nouveau. Dans le cadre des relations Nord/Sud, les PED devront bénéficier d'un traitement préférentiel. C'est ainsi que la migration des compétences des PED vers les PI sera envisagée sous l'angle du développement. Elle est considérée comme « un transfert inverse de technologie » et des solutions particulières seront proposées dans le cadre de la CNUCED[1]. Par ailleurs, « le compter sur soi » sera le principe directeur des relations sud/sud : le développement incombe d'abord aux pays en développement eux-mêmes. Ensuite, la coopération sud/sud devra être promue pour favoriser le développement collectif de ces pays : c'est ce qui a été nommé l'autonomie collective[2].

Le droit du développement qui reposait sur le principe de la dualité des normes et qui semblait ouvrir des horizons prometteurs pour les questions de migrations liées au développement n'aura eu, en définitif, qu'une durée de vie limitée[3]. Avec la mondialisation qui impose peu à peu les principes de la théorie néo-classique libérale, le droit au développement cède progressivement la place à une nouvelle politique, celle du co-développement.

Le concept de « co-développement » met en évidence l'idée d'un partage des avantages inhérents à une relation entre deux ou plusieurs pays. Concernant les migrations internationales, les conséquences qu'elles génèrent devront bénéficier aussi bien aux pays d'origine qu'aux pays d'accueil. En cas de déséquilibre, des mesures seront envisagées pour que les parties lésées obtiennent une compensation, notamment par des programmes spécifiques de développement. « Il faut chercher des complémentarités et

---

[1] *Conseil du commerce et du développement*, « Le transfert inverse de technologie : son ampleur, ses conséquences et ses incidences en matière de politique générale », CNUCED, Nations unies, New York, 1977 TD/B/C. 6/7.

[2] « Coopération entre P.V.D. », Buenos Aires, 1978, A/Conf/79/18/Rev.

[3] Jouve E., « Le Tiers Monde dans la vie internationale », *Monde en devenir*, Berger-Levrault, 1983, p. 90-91.

des retombées équitables des mouvements migratoires. Nous pouvons répondre aux inquiétudes en essayant d'explorer la piste du co-développement[1]... » Ces programmes s'inscriront dans le cadre d'une régulation des flux migratoires.

Plus récemment, au concept de « co-développement » s'est ajouté celui du partenariat « gagnant/gagnant »[2]. Cette nouvelle approche des politiques de développement se veut objective et dénuée de toute connotation politique. La gestion des flux migratoires devra dorénavant répondre à une logique d'entrepreneuriat. Les protagonistes ne sont plus seulement les États (pays de départ et pays d'origine) mais aussi les migrants eux-mêmes dont la trajectoire individuelle est désormais soulignée. Ils sont présentés comme des agents du développement.

2. Les apports des migrants au développement

Les migrations sont porteuses de progrès, dans différents domaines. Bien gérées, elles auront des incidences positives aussi bien pour les pays d'accueil que pour les pays d'origine et en particulier les PED.

La part des migrants dans le développement des pays hôtes

La part des migrants au développement des pays d'accueil est indiscutable même si elle n'est pas toujours étayée par des chiffres. Il suffit de se reporter aux politiques d'immigration adoptées par ces derniers qui sont le plus souvent les pays industrialisés. Si des législations ont été élaborées dans ces pays pour accueillir des étrangers,

---

[1] Girardin B., Ministre française déléguée à la Coopération, au Développement et à la Francophonie, www.map.ma/mapfr/far/textes/migration-codevelop-ministre.htm

[2] OCDE, « La cohérence des politiques au service du développement : migrations et pays en développement », *Perspectives des migrations internationales*, Centre de développement de l'OCDE, Paris, 2007.

c'est d'abord pour répondre aux besoins de leur économie. L'exemple des États-Unis est parlant. Les immigrants italiens ont largement contribué au développement industriel du nord-est du pays, les immigrants chinois, quant à eux, grâce à leur force de travail, ont participé à désenclaver la région du sud-ouest à travers la construction des lignes ferroviaires.

La France, pour sa part, accueille, après la Seconde Guerre mondiale, une première vague d'immigrants composée essentiellement de travailleurs peu ou pas qualifiés originaires des anciennes colonies. Cette main-d'œuvre bon marché apportera une large contribution à la reconstruction d'une économie dévastée par la guerre. L'ordonnance n° 145.2458 du 2 novembre 1945, relative aux conditions d'entrée et de séjour en France des étrangers, facilitera l'entrée de nombreux migrants sur le territoire français. À partir des années 1970, l'ensemble des pays industrialisés feront de plus en plus appel à des migrants hautement qualifiés.

> « Pour le nombre total des immigrés entrés dans les P.D., la majorité de ceux qui appartenaient aux groupes professionnels les plus qualifiés, était originaire des P.E.D. ainsi pendant la période considérée[1], les P.E.D. n'ont formé pas moins de 58 % des médecins et chirurgiens (cette proportion atteint 69 % pour les États-Unis) et 42 % des ingénieurs et scientifiques pour les pays considérés dans leur ensemble[2]. »

À l'heure actuelle il apparaît même une véritable concurrence entre ces pays qui tendent à attirer cette catégorie de main-d'œuvre par des conditions très attractives (rémunérations élevées, conditions de travail très favorables...). Les États-Unis ont très tôt opté pour une immigration sé-

[1] Il s'agit, ici, de la période comprise entre 1961 et 1972.

[2] Le transfert inverse de technologie : son ampleur, ses causes, ses conséquences et ses incidences en matière de politique générale, Genève, Nations unies, 1975, TD/B/C. 6/47, p. 5-6 et suiv.

lective : les migrants seront choisis en fonction de leur niveau de qualification. Chercheurs et scientifiques ont joué et continuent de jouer un rôle important dans l'essor technologique du pays. La Silicon Valley est renommée pour la diversité des nationalités qui collaborent à l'essor de la science et de la technique. La France, elle aussi, s'inscrira dans cette tendance. Les Algériens constitueront une part importante des migrants qualifiés et hautement qualifiés. Le nombre de médecins algériens en activité sur le sol français s'élèverait, selon les données fournies par le ministère algérien de la Santé et de la Population, à près de 13 000.

Par ailleurs, certains migrants sont accueillis pour pallier le déficit démographique qui touche un grand nombre de PI. Le vieillissement de la population, d'une part, la baisse de la natalité, d'autre part, rendent nécessaire le recours à une immigration internationale dite de remplacement (c'est le terme utilisé par les Nations unies pour désigner le nécessaire recours aux migrations internationales pour pallier le déficit démographique important enregistré dans certains pays).

Selon le rapport de la division de la population au département des affaires économiques et sociales des Nations unies, à partir des années 2000, un grand nombre de pays du Nord, hormis les États-Unis, connaîtront une baisse sensible de leur population. Ils devront recourir à l'immigration pour pallier le vieillissement de leurs ressortissants pour certains et la baisse des naissances pour d'autres. Ainsi, l'Italie devrait connaître une diminution de sa population à l'horizon 2050 passant de 57 millions à 41 millions d'habitants. Elle aurait ainsi besoin de 6 600 migrants par million d'habitants. L'Allemagne, pour sa part, devrait accueillir chaque année 6 000 migrants par million d'habitants pour compenser la baisse de fécondité qu'elle enregistre depuis quelques décennies.

C'est dans cette perspective que des politiques de regroupement familial ont été menées dans un grand nombre de pays industrialisés. Ainsi les politiques migratoires du Canada ou encore des États-Unis intègrent un volet consacré au regroupement familial. La France a, elle aussi, dans les années 1970, mis en place une politique allant dans ce sens. Cette politique a concerné un grand nombre de travailleurs migrants déjà établis sur le territoire français qui, cela a déjà été dit, étaient le plus souvent originaires des anciennes colonies (Maghreb et Afrique Subsaharienne).

Enfin, si les migrants constituent un potentiel économique incontesté, ils contribuent également à un brassage culturel qui est une source d'enrichissement. Les États-Unis ont été considérés comme l'exemple le plus notable de ce brassage des cultures souvent désigné par l'expression « *melting pot* ». Ce pays s'est fait connaître par la diversité des artistes et autres hommes de culture qui s'y sont établis en apportant leur talent mais aussi une part de leur culture d'origine, redynamisant ainsi la vie culturelle américaine dont l'influence est visible dans le monde entier. La France, pour sa part, s'est enrichie des apports culturels des populations immigrées venues de différentes régions du monde. Le président français, Jacques Chirac, avait fait l'éloge de la richesse d'une France « multiculturelle et multi-cultuelle » au lendemain de la victoire de l'équipe de France de football lors de la coupe du monde de 1998.

La contribution des migrants au développement des pays hôtes, si elle n'est pas contestable, n'en reste pas moins une source de problèmes socio-politiques. Partout en Europe, des mouvements conservateurs voient le jour et dans certains cas renforcent leurs positions au sein des instances politiques. La Hongrie, par exemple, s'est rendue tristement célèbre par l'arrivée au pouvoir d'un président d'extrême droite. Plus récemment, l'Autriche a enregistré une avancée significative des partisans de ce mouvement. Le mot d'ordre de ces derniers est l'immigration zéro.

La peur du « grand remplacement » est brandie à chaque rendez-vous électoral. Cette théorie renvoie aux projections citées plus haut concernant les migrations de remplacement. Par migration de remplacement, on entend « migration internationale dont un pays aurait besoin pour éviter le déclin et le vieillissement de la population qui résultent des taux bas de fécondité et de mortalité[1] ».

Cette peur de l'immigration, due à une interprétation abusive du concept de migration de remplacement, s'est accentuée avec l'afflux massif de réfugiés ces dernières années, généré par l'instabilité politique régnant dans des pays comme la Libye ou encore du fait des conflits armés tels qu'en Syrie.

Par ailleurs, la crise économique mondiale enregistrée depuis 2008 continue d'avoir des effets néfastes, notamment sur le monde du travail. Les demandeurs d'emploi sont souvent dans l'impossibilité de trouver un travail stable et les immigrés sont considérés comme des concurrents supplémentaires. Bien que cette idée ait été remise en cause par un grand nombre d'études, elle continue d'avoir une certaine audience au sein de la population. Cette raréfaction des emplois, que l'on a souvent imputée à la crise économique, renvoie à une mutation profonde que connaît l'économie qui repose de plus en plus sur de nouvelles technologies nécessitant peu de main-d'œuvre.

L'apport des migrants aux pays d'accueil est indiscutable même si des voix s'élèvent contre une immigration massive qui serait porteuse de certaines nuisances. Il n'en demeure pas moins que des politiques d'immigration continuent d'être mises en œuvre pour assurer l'accueil des étrangers, preuve s'il en est que les migrants représentent

[1] https://www.un.org/esa/population/publications/migration/pressfr.htm, 20 mars 2000.

bien des acteurs de développement. S'ils le sont dans les pays d'accueil, ils le sont également pour leur pays d'origine.

La contribution des migrants au développement des pays d'origine

Les migrants participent au développement de leur pays d'origine. Si l'ensemble des pays bénéficient de leur apport, ce sont essentiellement les PED qui en tirent profit. La contribution des migrants se traduit par un transfert de ressources financières, d'une part, de technologie, d'autre part.

Sur le plan financier, les migrants prennent une part au développement économique de leur pays d'origine par des envois de fonds et par des investissements. Les envois de fonds des migrants représentent une source de revenus substantielle pour les PED. En 2009, ils représentaient 317 milliards USD[1]. Selon un rapport de la Banque mondiale de 2004, les montants transférés par les migrants à leur pays d'origine, et particulièrement les pays en développement, ont augmenté de 10 milliards de dollars (8 %) en 2004 pour atteindre 126 milliards de dollars. Ces transferts ont dépassé en volume celui de l'aide publique au développement qui s'élevait à 79 milliards de dollars[2].

Pour la région MENA, selon le rapport de la Banque mondiale de 2017, les envois de fonds ont représenté 49 milliards de dollars en 2016, l'Égypte étant la première destination de ces flux[3]. L'Algérie, pour sa part, toujours selon le même rapport, a enregistré un apport de deux mil-

---

[1] Devillard A., « Migration circulaire. Au-delà des promesses, quels risques, quelles opportunités ? », OIM/GIP international, 2011, p. 28 et suiv.

[2] http://www.un.org/africarenewal/fr/magazine/october-2005/transferts-de-fonds-une-aubaine-pour-le-d%C3%A9veloppement

[3] http://www.banquemondiale.org/fr/news/press-release/2017/04/21/remittances-to-developing-countries-decline-for-second-consecutive-year

liards de dollars US pour la même période, se maintenant au même niveau que celui de l'année précédente[1].

Les envois de fonds constituent assurément un apport financier essentiel pour les populations restées dans les pays d'origine. Une partie de cette manne financière est d'abord destinée à couvrir les besoins essentiels des familles puis à financer les dépenses de santé et d'éducation. Si les apports positifs de tels transferts ne sont pas à négliger, il convient cependant de noter qu'ils peuvent générer des effets négatifs : dépendance du pays d'origine à l'égard des migrations, risque d'inflation… Par ailleurs, on a pu constater que, bien souvent, les sommes envoyées ne participaient pas ou peu aux programmes de développement d'intérêt général. En outre, certains auteurs ont mis en évidence les liens existants entre les transferts de fonds des migrants et l'émergence d'un marché noir de la devise[2], les sommes envoyées par les migrants passant rarement par les canaux officiels des banques ou autres établissements financiers.

Plus récemment, les chiffres avancés par la Banque mondiale mettent en exergue une baisse des transferts de fonds au cours de ces dernières années. Elle estime à 429 milliards de dollars les envois de fonds officiellement enregistrés vers les pays en développement en 2016, soit un recul de 2,4 % par rapport à 2015, où ils s'élevaient à plus de 440 milliards. L'Inde a connu une chute de ses recettes liées à la migration de 8,9 % en 2016, passant de 68,9 à 62,7 milliards de dollars[3].

Ceci correspondrait, semble-t-il, à une intégration de plus en plus importante des immigrés dans le pays d'accueil. Les « immigrés de seconde ou troisième généra-

---

[1] http://www.huffpostmaghreb.com/2017/04/22/fonds-algerie_n_16164706.html

[2] Stahl C, « Aperçu des perspectives économiques » *in* Apple Yard R. (dir.), « *The impact of international migration on thirdword development* », ICM, Genève, 5-7 juin 1984, p. 419-420.

[3] *Op. cit.*

tion » ont acquis dans ces pays les modes de consommation et les comportements sociaux qui les éloignent quelque peu de leur pays d'origine.

Les investissements constituent un autre canal susceptible de disposer des fonds nécessaires au financement de projets de développement. Les diasporas ont évolué au cours de ces dernières années. Elles ne sont plus seulement composées de migrants non ou peu qualifiés dont les revenus constituent un moyen d'améliorer les conditions de vie de leurs familles restées au pays. Désormais, elles comprennent une diversité d'agents économiques dont une partie non négligeable dispose de ressources financières qui pourraient être investies dans leur pays d'origine, dès lors que des mesures attractives sont mises en œuvre par ces derniers.

L'exemple de l'Inde est assez parlant en la matière. Le gouvernement indien a favorisé, au cours de ces dernières années, le développement d'activités initiées par les migrants. C'est ainsi qu'une filière de taille de diamants a été implantée sur le territoire indien grâce à l'introduction de machines perfectionnées, par des ressortissants indiens vivant à l'étranger. Cette industrie qui demande à la fois un savoir-faire et un investissement important a connu un grand essor et continue de faire preuve d'un grand dynamisme ; elle est génératrice de richesses et pourvoyeuse d'emplois. L'Inde est devenue en 2005 l'un des leaders mondiaux de l'industrie diamantaire. Ses exportations dans ce secteur atteignaient 11,9 milliards de dollars, soit 12 % du montant global des exportations[1].

En Algérie, le réseau « ANIMA[2] » qui s'inscrit dans le cadre euro-méditerranéen tente par des actions ciblées de

---

[1] Voir OCDE, *La cohérence des politiques au service du développement, op. cit.*, p. 105.

[2] ANIMA est un réseau d'agences de promotion des investissements des pays de la Méditerranée (dont fait partie l'agence algérienne ANDI), qui a pour

promouvoir des contacts entre hommes d'affaires algériens vivant à l'étranger et des chefs d'entreprises vivant sur le territoire national ou encore avec des décideurs pour mettre en évidence les opportunités d'investissements ou de partenariats. « L'objectif de "Génération Méditerranée" est de favoriser des investissements qualifiés en Méditerranée, avec une insistance sur les expatriés originaires des pays concernés et les idées ou les projets dont ils sont porteurs[1]. »

L'ANDI (Agence nationale pour le Développement des Investissements) s'est intéressé à ces projets. Pourtant, malgré les efforts déployés par les différentes parties, le climat des affaires reste peu attractif du fait, d'une part des lourdeurs bureaucratiques et d'autre part, de l'instabilité des législations. Tout ceci décourage les investisseurs étrangers ou nationaux à s'implanter en Algérie.

Enfin, les migrants peuvent être des vecteurs du transfert de technologie. Les migrants expatriés peuvent contribuer au développement de leur pays d'origine en transférant une partie du savoir qu'ils ont acquis dans le pays d'accueil. En effet, les membres de la diaspora disposent de compétences différentes selon leur niveau de qualification. Ceux classés dans la catégorie des techniciens supérieurs peuvent contribuer à améliorer les techniques de production par un savoir-faire qu'ils pourraient transmettre aux plus jeunes une fois de retour dans leur pays d'origine. Ces retours, bien souvent, ne sont pas définitifs, mais la transmission des savoir-faire peut s'effectuer durant de courts séjours dès lors que des politiques adaptées sont envisagées. Ces cycles de formation pourraient être dispensés à une main-d'œuvre ayant déjà un emploi au sein de l'entreprise ; ils peuvent aussi s'adresser à des

---

objectif de renforcer les capacités de ces agences et d'accroître les investissements directs étrangers dans la région.

[1] Document « Génération Méditerranée », 3 avril 2007, www.animaweb.org/réseaux et ressources/documents.

jeunes, notamment des chômeurs, désireux de créer leur propre entreprise.

D'autres migrants sont dotés d'un niveau de compétence élevé, scientifiques, médecins, chercheurs, qui peuvent apporter une expertise qui fait souvent défaut dans leur pays d'origine. L'idée n'est pas nouvelle puisqu'elle a été proposée dans le cadre du TOKTEN (Transfer of Knowledge Through Expatriate Nationals) du PNUD (Programme des Nations unies pour le Développement). Ce programme initié à partir de 1978, malgré les résultats probants enregistrés, n'a pas atteint l'ampleur escomptée.

La Chine a, dans cette perspective, réussi à développer un pôle industriel requérant de hautes technicités grâce au retour de ses compétences vivant à l'étranger. Ce retour a été rendu possible par une politique menée par les autorités chinoises qui ont offert à leurs ressortissants vivant à l'étranger des conditions de vie et de travail qui n'avaient rien à envier à celles laissées dans le pays d'accueil. L'Algérie, dans une moindre mesure, a enregistré quelques succès dans certains domaines d'activité, en particulier dans le secteur médical où des médecins vivant à l'étranger ont transmis leur savoir aux médecins algériens restés au pays. L'une des avancées remarquables est la greffe du foie qui est désormais pratiquée dans certains hôpitaux algériens.

La contribution des scientifiques expatriés présente d'autant plus d'intérêt que le retour physique du migrant n'est pas toujours nécessaire. Grâce aux nouvelles techniques de communication, la présence virtuelle de ce personnel hautement qualifié suffit à améliorer le niveau des savoirs et des techniques.

Les relations entre migration et développement sont, on le voit, étroites et constantes. C'est le niveau de développement des pays d'origine, souvent inférieur à celui du pays d'accueil, qui va pousser certaines personnes à émigrer. La décision de partir est motivée par la recherche de conditions de vie matérielles meilleures ou par la quête d'un environnement socio-culturel permettant un épanouissement individuel. Les pays les plus avancés seront évidemment la destination recherchée. Mais les migrations présentent aussi un autre aspect, celui de promouvoir le développement. Les migrants, agents économiques, sont aussi porteurs de cultures et de savoirs. À ce titre, ils contribuent à l'essor des pays où ils se sont établis, mais aussi des pays dont ils sont originaires.

DEUXIÈME PARTIE

Les migrations internationales : pour une approche globale des migrations

La migration est un phénomène complexe dont on ne peut comprendre toute l'étendue, tous les enjeux qu'elle sous-tend, tous les défis qui méritent d'être relevés au cours du troisième millénaire, qu'en adoptant une démarche globale, s'inscrivant dans un cadre mondial. C'est sans doute pour répondre à cet impératif, que les migrations internationales sont considérées aujourd'hui, comme un bien public mondial (BPM).

La notion de bien public est relativement récente, ou plus précisément a fait l'objet d'un renouvellement. Ses contours sont pourtant encore difficiles à cerner.

D'origine anglo-saxonne, elle a été utilisée d'abord par les économistes et reprise ensuite par les « politistes » représentant la tendance du « *public choice* ». À son tour, le PNUD la reprendra plus tard.

Un bien public peut être appréhendé d'un point de vue économique et d'un point de vue culturel[1].

Sous l'angle économique, le bien est offert sur le marché, une valeur marchande lui sera imputée en prenant en

[1] Schemeil Y., « Les biens publics premiers : Babel, côté cour et côté jardin », *in* Constantin, F. (dir.), *Les biens publics mondiaux, un mythe légitimateur pour l'action collective*, L'Harmattan, Paris, 2002, p. 102.

compte un certain nombre d'éléments tels que le coût de production, le capital humain dont dispose son utilisateur, l'éducation et la capacité nécessaire à son utilisation et à sa transformation.

Sous l'angle culturel, la valeur de ce bien dépendra de l'environnement où il sera proposé. La publicité, la mode et la propriété intellectuelle sont autant d'éléments qui sont la manifestation d'un mode de vie, d'une culture. Les droits attachés à ce bien (mode d'acquisition, de jouissance, de transmission) en sont une autre traduction. La production de ce bien, sa distribution, sa consommation seront possibles grâce à l'existence de règles communes qui sont, comme la confiance, un préalable à toute transaction.

En théorie, l'accès au bien public doit répondre au principe d'égalité[1]. Mais en pratique, on assiste à un certain nombre de dysfonctionnements qui remettent en cause cette règle (asymétrie de l'information, défaillance du marché...). L'inégalité d'accès devient alors la norme.

Face à la pénurie et à la raréfaction qui peuvent être engendrées par la propension qu'ont certains utilisateurs à s'approprier ce produit sans en donner une contrepartie (c'est le cas de l'eau, par exemple), la théorie néoclassique libérale admet que l'instance publique puisse intervenir sur le marché et assurer, y compris par la contrainte, une forme de régulation.

À la fin du XXe siècle, on assiste à une nouvelle étape de mondialisation de l'économie qui s'accompagne d'un désengagement des États et d'une dérégulation des marchés. Dans ce contexte, la production de biens publics mondiaux s'avère nécessaire.

---

[1] Coussy J., « Biens publics mondiaux : théorie scientifique, réalité émergente et instrument rhétorique », *in* Constantin F. (dir.), *Les biens publics mondiaux, un mythe légitimateur pour l'action collective ?, L'*Harmattan, Paris, 2002, p. 69.

La mondialisation a été bien souvent le fruit d'une démarche empirique ; elle se traduit par une imbrication de différents domaines publics. Dans le même temps, les pays deviennent de plus en plus interdépendants. L'approche classique du service public est remise en cause par une plus grande privatisation, ce qui favorise une participation plus large à la prise de décision. La gestion devient, de ce fait, multi-acteurs[1].

La théorie des BPM a pour objectif de mettre en évidence la nécessité de redonner aux biens publics et à la gestion de l'économie publique la place qui leur revient dans les politiques d'ajustement. On admet à l'heure actuelle le retour de l'État et de la nation, dans une économie largement gouvernée par la loi du marché.

Pour cette raison, il arrive alors que la gestion d'un bien public mondial soit le fait d'une organisation internationale qui en aura la responsabilité. Dans cette perspective, les OIG (Organisations intergouvernementales) seront chargées de la production, de la distribution et de la redistribution permanente de ces biens.

L'expertise dont disposent ces dernières, les ressources financières qui leur sont allouées par les États, leur permettent de mener à bien cette mission[2]. Les États, quant à eux, seront d'autant plus enclins à abandonner une part de leur souveraineté que le but recherché relève davantage de l'équité que de l'efficacité.

Les sociologues ont fait remarquer que l'introduction du concept des BPM, présenté comme original, n'est en réalité pas nouveau, il se rapproche singulièrement de la

---

[1] Goulven C., « Les biens publics mondiaux comme une solution aux défis politiques du XXIe siècle », *in* Constantin F. (dir.), *Les biens publics mondiaux, un mythe légitimateur pour l'action collective,* L'Harmattan, Paris, 2002, p. 18.

[2] Tavernier Y., « Comment les différentes organisations internationales intègrent-elles les biens publics mondiaux dans leurs stratégies ? », *in* Constantin F. (dir), *Les biens publics mondiaux, un mythe légitimateur pour l'action collective*, p. 255 et suiv.

notion d'intérêt général développé en droit classique interne ou encore de celle du patrimoine commun de l'humanité en droit international, apparu en 1967 en droit de la mer[1]. La haute mer ne peut faire l'objet d'aucune appropriation, elle appartient à toute l'humanité.

Il semble que le recours au concept de BPM soit une tentative de mettre en place une nouvelle gestion des relations internationales.

De même, il apparaît assez clairement qu'il y a dans le monde des biens générant la prospérité et ces biens doivent être respectés et sauvegardés au profit de l'ensemble de l'humanité. Il existe aussi de par le monde, des maux qui devront être pris en charge par l'ensemble de la communauté internationale.

Il n'existe pas de critères précis permettant de définir le bien public mondial. Son identification en tant que telle, relève d'une démarche empirique. Une liste des biens publics mondiaux est dressée en fonction des nécessités induites par certaines situations, par la survenance d'un phénomène nouveau, ou encore des exigences liées à la gestion d'un bien en danger de disparition ou susceptible d'être une menace pour le monde.

Les migrations internationales sont aujourd'hui considérées comme un bien public mondial requérant une gouvernance globale. Elles touchent l'ensemble des États, qu'ils soient pays d'accueil ou pays de transit ou d'immigration. Leur irruption dans l'espace transnational, les a rendues plus visibles grâce aux diasporas qui interviennent de plus en plus largement dans les domaines économique, social et politique.

Le terme « diaspora » renvoie, à l'origine, à la dissémination des colonies grecques sur le pourtour de la Méditer-

---

[1] Constantin F., « Les biens publics mondiaux, un imaginaire pour quelle mondialisation ?», *in* Constantin F. (dir.), *Les biens publics mondiaux, un mythe légitimateur pour l'action collective ?,* L'Harmattan, Paris, 2002, p. 21.

ranée. Plus tard, il prend une connotation plus politique en s'attachant à l'idée de la dispersion d'un groupe humain qui se cristallisera autour du mythe du retour vers la terre natale[1].

Les diasporas ont connu un regain d'intérêt depuis quelques années. Cela s'explique par le dynamisme dont elles font preuve, dynamisme qui n'a été pris en considération que récemment. Longtemps occulté, il a été mis en évidence par le nouvel ordre mondial et l'essor des moyens de communication.

Cet intérêt se manifeste également au sein de l'entité composée de nationaux vivants à l'étranger. Ces derniers tissent entre eux des liens leur permettant la production non seulement de biens, mais aussi de valeurs propres, conférant à cette dernière une spécificité. Ce groupe entretient des relations avec d'autres entités de même nature, à travers le monde où elles sont disséminées, grâce aux réseaux sociaux[2]. Enfin, les membres de ces diasporas ont une double allégeance, à l'égard de leur pays d'origine d'abord, et à l'égard de leur pays d'accueil ensuite.

Les migrants retiennent de plus en plus l'attention des États, pays d'accueil et pays d'origine, de par la contribution qu'ils pourraient avoir pour le développement de chacun d'eux.

L'apport intellectuel des membres de la diaspora, leur contribution financière sont aujourd'hui indéniables (ce point a déjà été évoqué dans la première partie).

Les migrations internationales, si elles sont bien gérées, génèrent de la prospérité, comme c'est le cas pour la mo-

---

[1] Voir numéro spécial « Migrations, transnationalisme et diaspora : théorie et études de cas », *Revue européenne des Migrations internationales*, 2012/2 (vol. 28).

[2] Voir Fibbi R., « L'approche transnationale dans l'étude des migrations », *in* Nedelcu M. (dir), L*a mobilité internationale des compétences. Situations récentes, approches nouvelles*, Colloque de Genève, L'Harmattan, Paris, 2004, p. 62-73.

bilité des compétences. Il conviendrait que cette richesse soit partagée[1] entre les différents acteurs (chapitre I). Elles sont également une source de maux comme ceux qui peuvent être engendrés par les migrations irrégulières. Il revient, dans ce cas, à l'ensemble de la communauté internationale de les prendre en charge (chapitre II).

[1] Ardittis S., « Pour une régulation concertée des courants de compétences entre pays en développement et pays d'emploi », *Revue européenne des Migrations internationales,* vol. I, n° 1, sept.1985.

CHAPITRE I

La migration des compétences, une source de prospérité qui doit être partagée

La migration des compétences est un phénomène ancien observé depuis des siècles. Considéré comme un élément positif favorisant le développement de la science. Au cours des années 1970 et à l'initiative de la CNUCED, il a été appréhendé sous l'angle du développement. La migration des compétences des PED vers les PI est considérée comme un transfert inverse de technologie (section 1).

Cependant, l'introduction de ce concept n'a pas eu l'effet escompté. À partir des années 1990, la mobilité des compétences est présentée comme une source de prospérité pour l'ensemble des pays (pays d'accueil, pays d'origine) à condition que les flux migratoires soient bien gérés (section 2).

SECTION I. L'EXODE DES COMPÉTENCES ET LE TRANSFERT INVERSÉ DE TECHNOLOGIE

L'exode des cerveaux, considéré par la pensée libérale comme un phénomène naturel et bénéfique a été remis en cause par le courant développementaliste qui voit dans la migration des compétences des PED vers les PI, un transfert inverse de technologie. Celui-ci propose pour en limiter les effets négatifs, un programme intégré qui vise la répartition de la prospérité générée par ce phénomène.

1. De l'exode des compétences au transfert inversé de technologie

L'exode des compétences, après avoir été appréhendé comme un phénomène naturel, a fait l'objet d'une nouvelle approche par les pays du tiers monde. La migration des personnes hautement qualifiées, considérée comme un exode des compétences, a été, dans un second temps, perçue plus comme un drainage des cerveaux. Enfin, l'étude de l'exode des compétences des PED vers les PI donnera naissance à un concept original : le transfert inverse de technologie qui s'inscrit dans une démarche volontariste, celle du droit international du développement.

La migration des personnes hautement qualifiées a fait l'objet d'approches différentes au cours des années 1960-1970. Le courant libéral d'abord et le courant « développementaliste »[1], ensuite, s'opposeront tout au long de ces deux décennies.

La théorie libérale

La théorie libérale considère que l'exode des compétences est bénéfique pour l'ensemble des pays. Au sein de ce courant, on distingue deux approches : le courant internationaliste ou cosmopolite d'une part, et l'approche néoclassique fondée sur la théorie des avantages comparatifs d'autre part.

---

[1] Cette théorie appréhende la question de l'exode des compétences sous l'angle du développement. On a appelé également ce mouvement le courant tiers-mondiste.

Le courant internationaliste ou cosmopolite

Le courant internationaliste considère que l'exode des compétences est un phénomène naturel. Il a été observé tout au long de l'histoire de l'humanité. Dès l'Antiquité, Athènes, plus tard Bagdad sous les Abbassides, la Sorbonne à Paris au Moyen Âge, et Bejaia au XIe siècle, ont toutes été des centres de rayonnement culturel où les savants, d'horizons divers, venaient parfaire leurs connaissances et exprimer leurs talents. Enfin, plus près de nous, l'Europe, au lendemain de la Seconde Guerre mondiale, connaissait un exode de ses hommes de science et de culture qui allaient s'établir aux États-Unis. C'est tout naturellement que les pays du tiers monde, aujourd'hui, sont touchés eux aussi, par l'exode de leurs compétences[1].

L'attrait de salaires élevés, de meilleures conditions de vie poussent les migrants hautement qualifiés à quitter leur pays. Par ailleurs, la recherche de conditions de travail permettant un épanouissement individuel, une valorisation des compétences et des talents, sont autant d'éléments qui expliquent le désir de partir pour cette catégorie professionnelle[2]. L'ensemble de ces facteurs sont exacerbés dans les pays du tiers monde. Le bas niveau des salaires, le manque de démocratie, la rareté, voire l'inexistence de laboratoires ou de centres de recherche, constituent un écueil pour l'épanouissement individuel et culturel.

Un autre argument milite en faveur de la circulation des cerveaux. Elle est bénéfique aussi bien pour le migrant lui-même, que pour l'ensemble de la communauté internationale. Le migrant, grâce à des conditions favorables, pourra valoriser ses compétences et cherchera sans cesse à se dépasser, pouvant ainsi laisser libre cours à sa créativité. Il

[1] Voir Commitee of the international migration of talent: « The international migration of high level manpower: its impact of the development process », New York, 1970, 738 p.

[2] Adams W., « L'exode des cerveaux », travaux de la conférence de Lausanne, Centre de recherche européen, Lausanne, 1968, 310 p.

sera, de plus, utile pour l'ensemble de la communauté internationale en contribuant au progrès de la science et au bien-être de l'humanité.

La principale critique faite à cette approche est que les progrès enregistrés à travers le monde profitent avant tout aux pays industrialisés et à leurs populations[1], les principales innovations étant le fait de firmes ou de centres de recherche, établis dans ces pays. La théorie néo-classique, d'essence libérale, propose une autre approche.

Le courant néoclassique libéral

Le courant néoclassique libéral estime lui aussi que l'exode des compétences est un phénomène positif. Il se fonde sur la théorie des avantages comparatifs[2]. Il admet certes que les PED de départ enregistrent des pertes inhérentes au coût que représente la formation du personnel hautement qualifié ; cependant, il souligne que l'exode des compétences présente des avantages pour ces pays, particulièrement. Il constitue une soupape de sécurité pour le chômage d'une part, et une source de revenus appréciables d'autre part pour les PED qui souffrent d'un chômage structurel qui touche particulièrement les personnes hautement qualifiées. Celles-ci ne trouvent que rarement un emploi à la hauteur de leurs qualifications, et elles assistent, impuissantes, à la dépréciation de leurs diplômes.

Cette situation est due, d'abord, à l'inadaptation des systèmes de formation qui « forment pour former » répondant plus à la demande sociale qu'aux besoins du marché. Elle est, également, le résultat d'une inadéquation entre formation et emploi.

---

[1] Voir Bhagwati J., « L'exode des cerveaux », *Revue internationale des Sciences sociales*, 28-4-1976, p. 751-796.

[2] Voir Grubel H. G., « The reduction of the brain drain problems and policies », in *Minerva,* vol. 6, n° 4, p. 541-558.

Ces compétences sous-utilisées, ou non utilisées dans les PED, seraient plus utiles dans les PI, où elles seraient mises en valeur. Un autre avantage que présente l'exode des compétences, toujours selon le courant néo-classique libéral, est le revenu non négligeable que cette migration génère pour les pays d'origine, grâce à ses envois de fonds.

Ces arguments ont été contestés. On a ainsi fait remarquer, d'une part, qu'un exode ininterrompu des personnes hautement qualifiées pouvait conduire sur le long terme à une pénurie des compétences dans le pays d'origine· D'autre part, les envois de fonds effectués par les migrants passent peu souvent par les canaux officiels des banques et autres institutions financières. De ce fait, ils soutiennent beaucoup moins les projets de développement et concourent, au contraire, à améliorer le niveau de vie des couches sociales les plus favorisées[1].

L'ensemble de ces critiques a constitué le point d'ancrage d'une nouvelle approche du phénomène de la migration des cerveaux.

Le courant « développementaliste »

À la fin des années 1960, le courant « développementaliste » propose une nouvelle approche de l'exode des compétences des PED, qui sera appréhendé sous l'angle du développement. C'est sous l'impulsion de la CNUCED que cette théorie va prendre corps.

L'approche « développementaliste » et la migration de personnes hautement qualifiées

L'une des premières remarques faites par les tenants de cette théorie est de considérer que l'expression « Exode

[1] Stahl C., « Aperçu des perspectives économiques » *in* Apple Yard R. (dir.), « The impact of international migration on third word development », ICM, Genève, 5-7 juin 1984, p. 419-420.

des compétences » est peu objective, car elle met l'accent sur les facteurs qui poussent les personnes hautement qualifiées, à quitter leur pays. Or, ce phénomène n'est pas naturel, il est la combinaison de facteurs de répulsion et d'attraction. C'est ce que recouvre le concept de « *brain drain* » ou encore « drainage des cerveaux »[1].

Ainsi, l'accroissement des flux migratoires, s'il est dû à des facteurs de « répulsion », évoqués plus haut, est également la conséquence de certaines pratiques et politiques qui renforcent le caractère attractif des PI.

La pratique des chasseurs de têtes est assez connue : certaines entreprises sont spécialisées dans le recrutement d'étudiants poursuivant leurs études dans les PI. Les PED ont eu largement recours à la formation à l'étranger, pour disposer d'une élite scientifique et technique. Ce recrutement concerne également les cadres hautement qualifiés des entreprises multinationales établies dans les PED.

Mais plus encore, c'est l'adoption de politiques d'immigration plus restrictives mais aussi plus sélectives, qui va accentuer la migration de PHQ des pays en développement.

Enfin, l'intégration du marché international des compétences, favorisera la migration de ces dernières. Les salaires proposés dans ce cadre, sont surévalués, par rapport au niveau des compétences, ce qui crée un dysfonctionnement dont les premiers à en souffrir, sont les PED. La migration des compétences des PED, a donné lieu à de nombreuses controverses qui se sont déplacées au sein des enceintes internationales où le rôle de la CNUCED s'avèrera primordial.

---

[1] Voir Bhagwati J., « L'exode des cerveaux », *Revue internationale des Sciences sociales*, 28-4-1976, p. 751-796 ; et du même auteur « The Brain Drain », *ILO, Background Papers*, Genève, 1976, 136 p.

En 1965, le Bureau international du Travail (BIT) tire la sonnette d'alarme : les pays du tiers monde souffrent d'une hémorragie de leurs compétences qui s'établissent, essentiellement, dans les PI. L'Assemblée générale des Nations unies se penche alors sur cette question. Sur la base des rapports présentés par cette dernière et par le Conseil économique et social[1], les résolutions 1090 (A) et 1274 (XLIII) du CES seront adoptées[2]. Elles recommandent aux PED une meilleure mise en valeur des ressources humaines, notamment grâce à une meilleure adaptation des politiques de formation qui doivent, en outre, être en adéquation avec celles de l'emploi. Une autre résolution est adoptée le 15 décembre 1967 : Résolution 2320 (XXII) de l'Assemblée générale[3]. Elle soulignera le caractère complexe et multidimensionnel de l'exode des compétences des PED, et demandera que des investigations plus approfondies soient menées.

Dans cette optique, différentes instances internationales se pencheront sur ce problème, parmi elles la CNUCED. Les résultats des différentes études menées par l'ensemble de ces organisations conduiront à l'adoption de la résolution 1573 (L) du Conseil économique et social. Elle précisera que cette migration concerne les PHQ des pays en développement qui se dirigent vers les pays industrialisés.

En outre, elle affirme que les pays en développement subissent un préjudice du fait de l'émigration de leurs

[1] Assemblée générale des Nations unies, « L'exode des cadres et du personnel technique qualifié de tous les niveaux qui quittent les pays en voie de développement pour s'établir dans les pays industrialisés », 23e session, point 47 de l'ordre du jour, A/729 et Conseil économique et social, « Le problème de l'exode des compétences : exode du personnel qualifié des pays en développement ». 58e session, point 2 de l'ordre du jour E/1978/92.

[2] Datées respectivement du 31 juillet 1965 et du 4 août 1967 et relatives à la mise en valeur et à l'utilisation des ressources humaines".

[3] Relative à l'exode des cadres et du personnel qualifié de tous les niveaux qui quittent les PVD pour s'établir dans les P.D.

compétences. Ce texte constituera une étape essentielle dans l'approche originale que proposera la CNUCED qui appréhende ces flux migratoires du point de vue du développement mettant en lumière les déséquilibres existants dans l'échange des compétences entre PI et PED. Un premier constat s'impose : le transfert de technologie des PI vers les pays du Sud n'a pas été réalisé, du fait de son coût onéreux et de son caractère partiel. Le fossé entre ces deux groupes de pays, loin de se réduire, ne fait que s'agrandir.

Outre le maintien des PED dans une dépendance technologique, l'exode des compétences va renforcer le monopole des pays industrialisés en matière de science et technique. Les PED offrent aux pays industrialisés une main-d'œuvre hautement qualifiée qu'ils n'ont pas eu à former. Il s'agit d'un transfert de capital humain représentant le coût de la formation auquel il faut ajouter la contribution que ces compétences auront pour l'économie des PI.

Les PED perdent les fruits des investissements alloués à la formation, tandis que les PI enregistrent des gains grâce aux économies réalisées dans le même domaine. Il s'agit là d'une aide technique des PED vers les pays industrialisés : les premiers fournissent un capital humain sans qu'aucune compensation financière ne soit accordée par les seconds qui profitent, ainsi, d'un enrichissement sans cause.

Il faut rappeler ici que les échanges commerciaux reposent sur le principe de réciprocité. Pour tout avantage offert par un pays A, le pays B doit fournir le même avantage ou de valeur équivalente. Se fondant sur ces différents éléments, la CNUCED, lors de sa troisième session tenue à Santiago du Chili en 1972, introduit un nouveau concept dans la résolution 39 (III) ; elle assimile l'exode des compétences des PED vers les pays industrialisés à un transfert inverse de technologie[1].

---

[1] Boussaid L., *Contribution à une problématique juridique du transfert inverse de technologie,* OPU, 1990, 275 p.

Les PI, attachés à la conception libérale de l'exode des compétences, ont manifesté leur opposition, face à la démarche proposée par les PED[1]. Pourtant, un certain nombre de résolutions seront adoptées : parmi elles, la résolution 32/192 de l'Assemblée générale et 1904 (LVII) du Conseil économique et social[2]. Ces résolutions donnent un caractère juridique au TIT, l'élevant au rang de norme du droit international du développement.

La CNUCED, dans la même dynamique, proposera un programme intégré susceptible d'assurer un meilleur partage des richesses générées par la migration des compétences des pays du Sud.

2. Le programme intégré : pour une redistribution des richesses

Le programme intégré a pour but de rééquilibrer les relations entre PI et PED quant à la répartition des richesses générées par la migration des PHQ. Les oppositions des PI ont participé à son échec. D'autres initiatives ont vu le jour qui s'éloignent quelque peu de l'objectif poursuivi par la CNUCED.

L'un des objectifs que se fixent les PED, rassemblés dans le groupe des « 77 », au sein de la CNUCED, est de voir leurs pertes, liées à l'émigration de leurs PHQ, compensées. Des mesures, dans ce cadre, seront envisagées au niveau international. D'autres le seront à l'échelle nationale et bilatérale. Seules les premières mesures retiendront notre attention.

---

[1] « Rapports du groupe d'experts gouvernementaux du transfert inverse de technologie ». Nations unies, Genève, 1978 TD/B/C. 6/AC/10.

[2] Résolution 1904 (LVII) du Conseil économique et social – 1er août 1974 : « Exode du personnel qualifié des pays en voie de développement vers les pays développés » et Résolution 32/192 de l'Assemblée générale – 21 décembre 1977 – « aspects du transfert inverse de technologie relatifs au développement ».

Les mécanismes de compensation financière

Afin d'assurer un juste partage des gains, enregistrés par les PI, deux types de mécanismes de compensation ont été proposés :

- l'impôt international sur les migrants qualifiés,
- le fonds compensatoire de main-d'œuvre.

L'impôt international sur les migrants qualifiés

Cette proposition vise à appliquer un impôt sur les migrants qualifiés, originaires des PED[1]. Elle se justifie à plusieurs égards :

- d'un point de vue éthique, les migrants qualifiés doivent contribuer à la formation des nouvelles générations dans leur pays d'origine où eux-mêmes ont bénéficié du concours financier de leurs aînés.
- d'un point de vue économique, cet impôt s'appliquerait sur le différentiel entre les salaires reçus dans le pays d'accueil, d'une part, et ceux qui leur auraient été offerts, s'ils étaient restés dans leur pays d'origine, d'autre part.

Cette proposition n'a pas eu d'écho favorable. Les PI ont fait remarquer, d'abord, qu'un tel impôt était discriminatoire ; il remettrait en cause le principe de l'égalité des contribuables devant l'impôt. Par ailleurs, ces pays s'étaient montrés sceptiques, quant à la faisabilité d'une telle mesure.

En effet, cet impôt pouvait être recouvré de deux manières et ni l'une ni l'autre ne semblait satisfaisante : il pouvait être collecté par le PED d'origine ou par le PI

---

[1] Voir Bahgwati J. N., *Taxing the brain drain,* North Holland Publishing Company, Amsterdam, 1976, p. 3-29 et Pomp R. et Goldman O., « Aspects juridiques et administratifs de la compensation et de l'imposition et des mesures de politique générale : questions concernant un ensemble optimal de questions », New York, Nations unies, 1977, TD/B/C.6/AC/47.

d'accueil. La première requérait une administration fiscale efficace. Or, peu de pays du Sud disposaient d'une telle capacité.

La seconde, elle, nécessitait le concours des pays d'accueil qui, on le sait, étaient opposés au concept même de TIT. Il était difficile alors d'imaginer que ces derniers puissent accepter de collaborer avec les PED concernés.

Enfin, une troisième voie a été envisagée, celle de la création d'un Fonds international des Ressources humaines (FIRH). Ce fonds serait financé par les contributions des migrants hautement qualifiés. Ces derniers bénéficieraient d'un abattement fiscal dans leur pays d'accueil sachant que ce type de mesure est largement répandu. Les contribuables ayant participé au financement de projets de développement ou d'œuvres caritatives voient leur niveau d'imposition réduit d'un certain pourcentage qui varie selon les États.

Une autre source de financement pourrait aussi être tirée d'un impôt minime, prélevé sur les revenus des fonctionnaires internationaux qui en sont actuellement exemptés. Malgré les précisions données par les experts des PED, ce mécanisme n'a pas reçu l'adhésion des PI. Ces derniers ont été plus favorables à la seconde proposition, visant la création d'un fonds compensatoire de main-d'œuvre.

Le fonds compensatoire de main-d'œuvre

Cette idée avait été avancée par le Prince de Jordanie, Hassan Ibn Talal, lors de la 63e session de la Conférence internationale du Travail (CIT). On peut penser, de prime abord, que l'accueil moins réservé fait à cette proposition, s'explique par le fait qu'elle ait été formulée, au sein de l'OIT, et non pas de la CNUCED. On rappellera que les PI estimaient que seule la première était compétente pour connaître des questions relatives aux migrations et à l'emploi. Le fonds compensatoire de main-d'œuvre serait organisé comme le service fiduciaire du Fonds monétaire international (FMI)[1]. Les pays d'accueil qui recevraient une main-d'œuvre qualifiée devraient verser une certaine somme à ce fonds ; les pays d'origine qui, au contraire, en fourniraient, pourraient percevoir un financement destiné à consolider ou promouvoir les secteurs de l'Éducation et de la Formation.

Il est à noter que l'opposition entre PI et PED sur laquelle repose la théorie développementaliste n'est plus retenue ; on lui préfère les termes de pays d'accueil et pays fournisseurs, sans que soit évoqué le niveau de développement des pays concernés. La compensation financière n'est plus considérée comme un enjeu idéologique et politique, mais plus comme un outil technique. Celui-ci permettrait de réaliser un équilibre dans la répartition de la main-d'œuvre, d'une part, des richesses, d'autre part, en tenant compte des intérêts de toutes les parties. Les PI ont manifesté un certain intérêt, en soulignant cependant que certaines difficultés étaient de nature à entraver la faisabilité de ce projet. Ils signalaient, par exemple, qu'il serait malaisé d'identifier le pays d'origine quand le migrant, après avoir quitté son pays, avait séjourné dans un autre pays, avant de s'établir définitivement dans le pays d'accueil.

On peut supposer, par ailleurs, que le migrant a effectué des formations successives, dans des pays différents, avant de s'installer dans le pays d'accueil ; quel serait alors le pays qui bénéficierait de la compensation financière ? Une autre question, toujours selon les PI, méritait d'être posée : quel serait le statut des pays qui, comme le Royaume-Uni,

---

[1] Allocution de son AR Hassan Ibn Tellal du royaume hachémite de Jordanie. Compte rendu des travaux de la 63e session conférence internationale du travail, BIT, Genève, 10 juin 1977, p. 889-894 et Pomp R. et Goldman O., *op. cit.*

recevraient une main-d'œuvre qualifiée, mais qui, dans le même temps, en fourniraient à d'autres ?

Les discussions autour de ces points n'ont pas permis de donner corps au fonds compensatoire de main-d'œuvre dont la création a été renvoyée à un futur incertain. Ce fonds n'a, du reste, jamais vu le jour.

Les solutions, préconisées à l'échelle internationale, se sont soldées par un échec : aucun mécanisme de compensation n'a été mis en place.

Le concept de TIT va, au cours des années, être relégué au second plan et finira par être abandonné. Ceci s'explique par l'opposition des PI. Ces derniers se sont focalisés sur les questions techniques qui constituaient, selon eux, un obstacle à la mise en œuvre du programme intégré. Ils ont éludé ainsi, la question de la répartition des richesses générées par la migration des compétences.

On s'orientera, en dernier ressort, vers des politiques conformes à la pensée libérale, politiques qui auront trait au retour volontaire des migrants dans leur pays d'origine.

Pour un retour volontaire des migrants

Le retour volontaire des migrants a été envisagé de différentes manières par le comité intergouvernemental des migrations (CIM) d'abord, par le PNUD ensuite dans le cadre du programme TOKTEN.

Le CIM et la politique du retour volontaire des migrants

Les PI, regroupés au sein du Comité intergouvernemental des Migrations (CIM), qui deviendra l'OIM (Organisation internationale des Migrations) prendront des mesures destinées à favoriser le retour des migrants dans leur pays d'origine, à un moment où la crise touche l'économie mondiale. Celle-ci engendre une situation de chômage dans tous les PI. Les migrants, ayant perdu leur emploi ou dans l'incapacité d'en trouver, sont invités à repartir dans leur pays d'origine ; un dispositif financier leur permet d'assurer une réinstallation dans des conditions optimales. Ce dispositif est renforcé par l'octroi de matériel qui leur assure la poursuite des activités de recherche ou de créer des entreprises. Ces expériences n'ont pas eu un grand succès. En effet, si des retours ont été enregistrés, il est à noter qu'ils n'ont cependant pas été durables. Après quelques années passées dans leur pays d'origine, des migrants reviennent dans le pays d'accueil dans lequel ils retrouvent un environnement dont ils ont acquis les comportements et les codes sociaux.

Le programme TOKTEN du PNUD

De son côté, le Programme des Nations unies pour le Développement (PNUD) met en place, à la fin des années 70, un programme qui a pour objectif de ramener des migrants hautement qualifiés dans les pays du Sud. Le programme « Transfert of Khnowledge Through Expatried Nationals » (TOKTEN)[1] affirme que ces retours sont volontaires. Ils répondent aux besoins exprimés par les PED, le PNUD constituant le lien entre ces derniers et leurs compétences expatriées. Les migrants, désireux de participer à ce programme, travailleront dans le pays d'origine ou tout autre pays du tiers monde, à titre gracieux.

Une indemnité leur sera versée par le PNUD. La durée du séjour est ponctuelle et correspond au délai nécessaire pour mener à bien la mission qui leur a été confiée (expertise, conseil, encadrement et réalisation de projet). Les pays bénéficiaires de ce programme s'engagent à ne pas retenir de force leurs ressortissants expatriés, le PNUD en est le garant. Le séjour de courte durée peut évoluer vers un retour définitif du migrant hautement qualifié, si des opportunités professionnelles attrayantes s'offrent à lui.

[1] www.diplomatie.gouv.sn/maeuase/tokten_raisons.htm

Le TOKTEN a eu un certain succès, mais il n'a pas permis d'enrayer le phénomène d'exode des compétences ou d'en limiter les effets négatifs. La juste répartition des richesses qu'il génère ne fait plus l'objet de discussions.

La pensée libérale néoclassique triomphe. Les institutions internationales à caractère politique (ONU, CNUCED, OIT), au sein desquelles les PED avaient réussi à porter leurs revendications, s'effacent devant celles à caractère plus technique (FMI, Banque mondiale). Cette tendance se renforcera avec la création de l'Organisation mondiale du Commerce (OMC). La question de l'exode des compétences n'est plus à l'ordre du jour et pourtant le phénomène perdure.

SECTION II. EXODE OU MOBILITÉ DES COMPÉTENCES

La migration des compétences est, à l'heure actuelle, appréhendée sous l'angle de la mobilité et non de l'exode. L'économie mondialisée pose de nouveaux enjeux où la compétition des firmes multinationales repose avant tout sur les compétences et leur potentiel d'innovations.

Les richesses générées par le marché des compétences devront se traduire par leur partage, cela grâce à des politiques adaptées et compétences.

1. La mobilité des compétences et le codéveloppement

La mobilité des compétences est un élément saillant des migrations internationales. Les enjeux technologiques sont cruciaux et la nécessité de disposer de scientifiques et techniciens de haut niveau s'impose. La mobilité des compétences apparaît alors comme une des composantes de l'essor économique et technologique, mais elle pose aussi des questions liées au développement, celui des pays du Sud notamment.

L'importance de la mobilité des compétences dans l'économie mondialisée

La fin du XXe siècle sera marquée par la mondialisation et la globalisation des économies. Dans ce nouvel environnement, la compétition entre les grandes firmes reposera essentiellement sur les innovations technologiques.

La mondialisation et le nouvel environnement économique

La mondialisation de l'économie remonte selon certains auteurs, aux années 1990. En réalité, le phénomène n'est pas nouveau. Il a commencé très tôt dans l'histoire de l'humanité et a connu plusieurs étapes. Celle d'aujourd'hui est marquée par un caractère spécifique. Pour la première fois, un seul mode d'organisation régit toutes les économies du monde : le système libéral repose sur la règle des « trois D »[1] : décloisonnement, dérégulation, désintermédiatisation. Cette mondialisation va se traduire, d'abord, par la proximité des États et des peuples. Celle-ci a été rendue plus grande grâce au développement sans précédent des moyens de communication et, plus particulièrement, les technologies de l'information et de la communication (TIC)[2]. La mondialisation s'est accompagnée d'une globalisation se traduisant par l'interdépendance des économies et notamment celle des secteurs financiers. Dans ce contexte, les grandes firmes multinationales sont engagées dans une compétition économique féroce, sur un marché dominé par les PI auxquels viennent se greffer de nouveaux rivaux, les pays émergents.

---

[1] Albertini J. M. et Silem A., *Comprendre l'économie mondiale,* Éditions ouvrières-Éditions du Seuil, Paris, 1980, p. 7.

[2] Thil G., Warant F., *Plaidoyer pour des universités citoyennes et responsables*, Presses universitaires de Namur, 1998, 238 p.

La compétition, toujours plus grande, qui oppose les firmes internationales, repose essentiellement, à l'heure actuelle, sur les innovations qui deviennent un atout concurrentiel de premier ordre[1]. Celles-ci sont de plus en plus nombreuses, car le rythme de leur production est de plus en plus rapide. Les firmes disposent de centres de recherche et consentent des investissements considérables pour promouvoir de nouvelles créations.

Dans le même temps, la culture du brevet s'élargit, accordant, par là même, à leurs détenteurs, un véritable monopole sur la production et la commercialisation de nouveaux produits et nouvelles techniques[2]. La propriété intellectuelle, qui était du ressort exclusif de l'Organisation mondiale de la Propriété intellectuelle (OMPI), a été accaparée, en partie, par le General Agreement on Tarification and Trade (GATT)[3]. L'Accord sur le Droit de la Propriété intellectuelle liée au Commerce (ADPIC), est actuellement l'un des instruments sur lequel repose l'OMC. Il voit bien alors qu'il est impératif pour toutes les grandes entreprises de disposer de scientifiques et de techniciens de haut niveau, dans une économie fondée sur les savoirs. PI et pays émergents devront, de ce fait, prendre les mesures appropriées pour les attirer[4].

La mobilité des compétences est présentée comme un élément positif, conformément à la théorie libérale. Elle est encouragée par l'OMC qui recommande aux pays

---

[1] Voir Conso P., Hémici F., *L'entreprise en 20 leçons*, 3e Édition, Dunod, 451 p., p. 287-288.

[2] Voir Piotraut J.-L., *Droit de la propriété* intellectuelle, Ellipses, 2e édition, Paris, 2010 et Chavane A Burst J.-J, *Droit de la propriété industrielle*, Dalloz, 5e édition, 1998, 905 p.

[3] Voir Zhang Shu, *De l'OMPI au GATT,* LITEC Paris, 1994, 383 p.

[4] C'est ainsi que l'Allemagne, pour effectuer le passage au troisième millénaire, a proposé un grand nombre de visas aux informaticiens venus des pays du tiers monde ; les Indiens ont été nombreux à répondre à cette offre.

membres d'aplanir les entraves à la mobilité des cadres des entreprises et de ceux des professions libérales.

S'il existe des avantages indéniables induits par la migration des PHQ, des inconvénients peuvent être également notables, notamment pour les pays du tiers monde. Un rapport de l'OCDE[1] en fait état. Dans ce cas, la migration des compétences sera considérée non plus sous l'angle de leur mobilité, mais de leur exode.

La migration des personnes hautement qualifiées s'intensifie à partir des années 1990 et ne cesse de croître jusqu'à aujourd'hui, même si elle a connu un certain recul, durant la crise économique que l'on situe entre 2008 et 2009.

Les enjeux économiques et technologiques trouvent une traduction sur le plan juridique par l'adoption de politiques migratoires. Elles donneront la préférence à l'accueil des migrants hautement qualifiés répondant aux besoins des économies nationales. Désormais, c'est l'immigration choisie et non subie, qui servira de leitmotiv et de trame aux politiques migratoires des différents PI. Cette orientation qui avait été prise très tôt par des pays comme les États-Unis, le Canada ou l'Australie[2], rallie l'ensemble des pays de l'OCDE[3].

Le Pacte européen sur l'immigration et l'asile (PEIA), texte non contraignant, a pour objectif l'harmonisation des législations des pays de l'UE en matière de politique migratoire. Il reprend à son compte la notion d'« immigration choisie » dont la France avait été à l'initiative. Il comprend deux volets : le premier est consacré à la mise en œuvre de

---

[1] OCDE, « La cohérence des politiques au service du développement », 2007, 167 p.

[2] OCDE, « Rapport sur les perspectives des migrations internationales », juillet 2002.

[3] Voir OCDE « Il faut adapter les politiques d'immigration aux besoins futurs », 09/11/2008, p. 2, www.oecd.org et Detoort C., «Tendances de long terme des migrations internationales : analyse à partir des six principaux pays receveurs », *Population*, 2008, p. 317-352.

politiques destinées à attirer des compétences dans l'UE[1]. Le second volet a pour objet la lutte contre les migrations clandestines.

Enfin, les étudiants étrangers constituent un réservoir potentiel de main-d'œuvre hautement qualifiée pour les PI[2]. Les législations adoptées par ces derniers seront l'expression de la politique mise en œuvre, celle de l'immigration choisie[3]. Celle-ci aura des incidences certaines quant à l'accroissement du volume des flux de migrants hautement qualifiés[4]. Elle aura également des répercussions sur les autres courants de migrants dont les flux ont été réduits sensiblement, ceux des demandeurs d'asile et ceux des travailleurs non qualifiés[5].

Elle pose, en outre, la question du développement des pays du Sud qui fournissent un nombre important de scientifiques et de techniciens.

Immigration choisie et codéveloppement

Les rapports de la CNUCED d'abord, celui de l'OCDE plus tard, faisaient le même constat : la mobilité des compétences pouvait constituer une entrave au développement des pays du Sud. Ces derniers, privés de leurs élites, ne pouvaient envisager leur développement économique,

---

[1] Chassard Y., « La gouvernance des politiques migratoires en Europe », *in* Saint-Paul G., *Immigration, qualifications et marché du travail,* La documentation française, Paris, 2009.

[2] Voir KhouSiew-ean, Mc Donald P., Voigt-Graf C., Hugo G., « A global labour market : factors motivating the sponsorship and temporary migration of skilled workers to Austral », *international Migration Review,* 158, Summer 2007, p. 480-510.

[3] Par exemple en France : Loi 2006-911 du 24 juillet 2006 relative à l'immigration et à l'intégration.

[4] Papademetriore Demetrios G., Yale-Loehr S., *Balaveing interests: rethinking U.S selection of skilled immigrants*, Ed. Washington, Carnegie Endowment for International peace, 1996, 232 p.

[5] Aguerre M., « L'immigration choisie en France ou les droits des étrangers élimés », *Chronique du Cérium,* 14 avril 2006, http://www.cerium.ca/L-immigration-choisie-en France.

mais plus encore, ne pouvaient disposer d'une force de progrès capable d'assurer une transition vers un monde en perpétuelle évolution.

Au sein même des pays industrialisés, certains chercheurs ont mis en exergue cet obstacle au développement qu'est le drainage des compétences des pays du Sud[1]. En France, des personnalités politiques se sont élevées contre l'idée d'immigration choisie qu'ils ont assimilée à un véritable pillage des cerveaux[2].

Dans ce contexte, l'ensemble des pays industrialisés et dans le cadre de différents accords, ont fait alors une place au codéveloppement dans l'optique d'une gestion concertée des flux migratoires[3]. L'idée n'est pas nouvelle, mais elle a évolué, du moins au niveau de la terminologie. Depuis le mouvement d'indépendance des anciennes colonies, devenues pays en développement, on a tour à tour envisagé des programmes d'assistance technique, de coopération technique et aujourd'hui on parle de codéveloppement. Ce dernier concept est repris par le PEIA qui inscrit dans ses objectifs des programmes s'y référant. Ils sont destinés à soutenir les avancées économiques et technologiques des pays du sud de la Méditerranée, principaux fournisseurs de main-d'œuvre qualifiée. La ministre française[4] présentait ainsi le codéveloppement : « Il faut chercher des complémentarités et des retombées équitables des mouvements migratoires. Nous pouvons répondre aux inquiétudes en essayant d'explorer la piste du codéveloppe-

---

[1] Dumitru S., « L'éthique du débat sur la fuite des cerveaux », *Revue européenne des migrations internationales*, n° 1, 2009, p. 119-134.

[2] Haut conseil de la coopération internationale, *Biens publics mondiaux et coopération internationale, nouvelle stratégie pour de nouveaux enjeux*, Éd. Karthala, Paris, 2002, 330 p.

[3] Voir Fweley Diangitukwa, *Migrations internationales, co-développement et coopération décentralisée*, L'Harmattan, Paris, 2008, 277 p.

[4] Girardin B., Ministre française déléguée à la Coopération, au Développement et à la Francophonie, www.map.ma/mapfr/far/textes/migration-codevelop-ministre.htm

ment […] toute politique migratoire en France doit avoir une composante de codéveloppement ». Il se dégage de cet extrait l'idée d'un partenariat équilibré fondé sur un intérêt mutuel.

Malgré l'ambiguïté de ce concept, il faut noter une certaine originalité qui tient à l'idée d'un partenariat devant unir l'ensemble des protagonistes de la migration, à savoir les pays d'accueil, les pays d'origine, mais aussi les migrants. Pour certains experts, les migrations, si elles sont bien gérées, sont porteuses de prospérité. Si les pays industrialisés tirent avantage de la contribution des compétences étrangères à leur développement économique et social, les pays d'origine pourraient eux aussi tirer quelques profits de leurs nationaux expatriés.

Les migrants, enfin, ayant pour une grande partie amélioré leur sort dans le pays d'accueil, peuvent constituer un vecteur de développement non négligeable, qu'ils soient dans le pays d'accueil ou qu'ils soient revenus dans leur pays d'origine.

L'immigration choisie est présentée comme un phénomène migratoire résultant d'une trajectoire individuelle fondée sur la libre circulation des personnes. Cette approche de la mobilité des compétences se veut neutre et objective. Elle est en réalité conforme à l'esprit libéral néoclassique qui place l'individu au centre d'une société mondialisée. Les politiques migratoires mises en place par les pays d'accueil répondent à la volonté de disposer d'une main-d'œuvre hautement qualifiée destinée à renforcer leur potentiel technologique. Mais les pays en développement souffrent du départ de leurs élites scientifiques qui met à mal leur développement économique. Le codéveloppement apparaît alors comme une solution de nature à réduire les effets indésirables de l'exode des compétences. Il implique sans doute les pays d'accueil, notamment les pays industrialisés, mais il renvoie aussi aux mesures que devront prendre les pays du Sud qui doivent tirer le meilleur parti de la migration de leurs compétences.

2. Migration des compétences : pour une prospérité partagée

Pour arriver à établir un partenariat gagnant-gagnant, les pays industrialisés et les pays en développement, et de manière plus large, les pays d'émigration et d'immigration devront conjuguer leurs efforts. Dans cette optique, les pays industrialisés ont ainsi mis au point un certain nombre de politiques destinées à rationaliser les programmes d'aide au développement en s'appuyant sur les migrants eux-mêmes. Pour les pays en développement, il s'agira de tirer le meilleur parti de leur diaspora. Les expériences menées en ce sens par certains pays émergents en sont une illustration.

La rationalisation des programmes de développement

Les politiques mises en œuvre par les pays d'accueil, pour permettre aux pays fournisseurs de migrants qualifiés de bénéficier des avantages induits par leur mobilité, sont de deux ordres : les premières tentent de rationaliser les programmes de développement tandis que les secondes tendent à créer une synergie entre la migration et d'autres secteurs, notamment le commerce et l'emploi.

La rationalisation des programmes d'aide publique au développement

La réorientation des programmes de développement s'est focalisée essentiellement sur la question de l'aide publique au développement (APD). L'APD a été, depuis très longtemps, un des éléments de soutien pour les pays du tiers monde qui ont bénéficié de l'aide financière des PI, pour la réalisation de leurs programmes économiques et sociaux. Ces derniers devaient leur reverser 1 % de leur PIB. Très rares sont les pays qui ont pu respecter cet engagement. Cette aide financière a été quelquefois dévoyée, comme dans le cas de l'aide liée, ou encore diminuée, comme on peut le constater à l'heure actuelle.

En effet, les chiffres disponibles montrent que le montant de l'aide publique au développement a chuté, ne constituant plus qu'une portion relativement minime, eu égard aux besoins identifiés par les pays bénéficiaires. Cette diminution s'explique, en partie, par les échecs successifs des différents programmes d'aide au développement qui ont jalonné ces dernières décennies[1]. On a souvent fait le reproche aux pays du Sud de ne pas utiliser les fonds à bon escient, souvent dilapidés ou mal affectés, les résultats escomptés n'étant pas à la mesure des financements consentis[2]. Il est apparu alors pour certains PI qu'il serait opportun de réorienter leur politique d'aide au développement. Ainsi, ceux-ci pourraient être conçus en s'appuyant sur les migrants. Ces derniers, regroupés au sein d'associations, serviraient de relais entre les PI pourvoyeurs d'aide et les PED bénéficiaires[3].

Les migrants ayant une meilleure connaissance de leur pays pourraient aider à identifier les besoins ainsi que les partenaires locaux (associations, communautés). Il serait ainsi plus aisé d'apprécier le contenu des programmes de développement, d'en évaluer la faisabilité et enfin, d'établir un bilan des résultats obtenus. Des expériences en ce sens ont été menées et ont eu des retombées positives pour le développement local[4]. L'avantage de tels

---

[1] Brubel S., *La coopération Nord Sud*, PUF, Que-Sais-Je ?, 1997, 128 p., p. 85.

[2] Raffinot M., *La dette des tiers mondes*, Paris, la Découverte, 2008, 128 p.

[3] Voir OCDE, « La cohérence des politiques au service du développement », *op. cit.*

[4] Voir Ndumba M.T., « TRANSFAIRES » : accompagner le transfert de compétences des migrants(e)s africain(e)s », *in* Manço A. (dir.), *Valorisation des*

programmes réside dans le fait qu'ils profitent directement aux populations des PED.

Pourtant, bon nombre de pays d'Afrique se sont insurgés contre de tels programmes qui, selon eux, mettaient à mal leur souveraineté[1]. En effet, le financement de tels programmes peut apparaître à bien des égards comme une aide au développement, mais il est aussi une manière de justifier les restrictions de l'aide publique au développement[2]. Ces programmes pourraient avoir un certain intérêt s'ils étaient insérés dans le cadre plus général de l'aide publique au développement. Mais cette nouvelle orientation, selon le chef d'État sénégalais, s'assimile à une gestion privée de l'aide publique.

Les migrants sont mis à contribution, pendant que les pays industrialisés se désengagent de plus en plus de l'APD à laquelle ils avaient souscrit au sein des instances internationales telles que le Fonds monétaire international (FMI)[3]. La rationalisation des politiques d'aide au développement devrait être complétée par la création d'une synergie entre la migration d'une part, le commerce et l'emploi d'autre part.

La synergie entre les migrations et les autres secteurs

Les migrations sont souvent présentées comme des flux se limitant à un point de départ et une destination. Or, il est admis désormais qu'il s'agit d'un mouvement circulaire où

---

compétences et co-développement, Africain(e)s qualifié(e)s en immigration », Paris, L'Harmattan, p. 172.

[1] Voir Co-Developpement.Org du 08/10/2006.

[2] Voir OCDE, « Financer le développement. Aide publique et autres flux », Paris, OCDE, 2008, 164 p. et Haas H. de, *Turning the Tide ? Why « Development Instead of Migration » Policies are Bound to Fail*, Oxford, International Migration Institute, University of Oxford, 2006.

[3] Voir Severino J.M., « Refonder l'aide au développement au XXIe siècle », in *Critique internationale*, 2001 (Voir article sur books google.com).

les migrants quittent leur pays pour s'établir dans un autre pays pour, après un temps plus ou moins long, revenir dans leur pays d'origine[1]. Certains migrants s'y établiront définitivement tandis que d'autres partiront de nouveau, donnant ainsi aux flux migratoires un mouvement en spirale. Les flux migratoires revêtent un caractère dynamique qui mérite d'être mis en valeur en créant des synergies avec d'autres secteurs, ceux de l'emploi et du commerce[2]. Le migrant, de retour dans son pays d'origine, pourrait être un vecteur démultiplicateur d'emploi, compte tenu des connaissances et expériences acquises durant son séjour dans le pays d'accueil ; il pourrait en tirer des revenus pour lui-même et en faire bénéficier la population locale par la création de nouveaux besoins générant de nouveaux emplois.

Si l'objectif à atteindre est de contribuer au développement local, il a aussi pour finalité de fixer des populations qui seront moins enclines à émigrer. Les résultats de telles expériences n'ont pas pu corroborer la seconde hypothèse. Cette synergie entre migration et emploi peut être complétée par une autre, entre migration et commerce. Les flux migratoires pourraient être l'occasion de promouvoir une forme de commerce entre le pays d'accueil et le pays d'origine, les migrants pouvant importer dans le pays d'accueil certains produits artisanaux du terroir. Ce courant commercial serait de nature à promouvoir la production de biens dans le pays d'origine. Il semble que de telles pratiques commerciales, loin d'accroître le phénomène migratoire, auraient plutôt l'effet de maintenir les populations dans leur pays d'origine.

Les expériences menées en ce sens n'ont pas été assez nombreuses pour que l'on puisse évaluer l'efficacité de tels programmes. La réorientation de l'aide publique au dévelop-

---

[1] Pyasiri W., « Les options politiques en réponse à la migration des compétences : rétention, retour et circulation », IOM site web, *op. cit.*, 2000, p. 185.
[2] Voir OCDE, « La cohérence des politiques au service du développement », *op. cit.*

pement ou encore la création d'une synergie entre migration et d'autres secteurs, si elles peuvent susciter un certain intérêt, ne pourraient en tout état de cause concerner les migrants dotés de compétences ou d'un haut niveau de qualification. En effet, ces derniers s'inscrivent, cela a déjà été dit, dans une trajectoire individuelle et le but à atteindre est d'assurer une insertion optimale pour eux-mêmes et pour leur famille au sein de la société dans laquelle ils vivent.

La contribution des pays industrialisés au codéveloppement ne présente pas en réalité d'idées novatrices, elle tente de réaliser quelques ajustements tout en remettant en cause leur engagement initial, celui de soutenir le développement des pays du Sud par une aide financière et technique. Les PED devront, pour leur part, assurer la mise en valeur de leur diaspora.

Les PED et leur diaspora

L'idée selon laquelle les pays en développement devraient adopter les mesures appropriées pour gérer les flux migratoires de main-d'œuvre hautement qualifiée n'est pas nouvelle. La nouveauté réside dans la rationalisation de celles-ci, telle qu'elle a été présentée par le Bureau international du Travail (BIT) à travers le modèle nommé « les 6 R » : rétention, retour[1]... Les pays concernés devront choisir l'une ou plusieurs d'entre elles qui seront les mieux adaptées pour gérer l'impact de ces courants migratoires sur leur développement. Mais c'est sans doute la contribution des nationaux expatriés au développement des pays d'origine, qui suscite le plus d'intérêt[2]. Cette participation ne pourra être rendue possible que par des actions menées par les autorités de ces pays

---

[1] Voir Findlay A. and Lowell B., *Migration of highly skilled persons from developing countries: Impact and policy response,* ILO, 2002, 41 p.

[2] Les diasporas et le développement http://www.iom.int/jahia/jahia/cache/offonce/lang/fr/pid/539;jsessionid=DEFEB7C97, 27/05/2008, p. 2.

pour consolider et promouvoir les liens qui les unissent à leurs ressortissants établis à l'étranger. L'apport de la diaspora est double, financier et technologique. Ce point a déjà fait l'objet de développement dans une partie précédente, il nous suffira ici d'en rappeler les grandes lignes.

L'apport financier de la diaspora

La question des envois de fonds est récurrente à chaque fois que l'on traite du phénomène migratoire, et plus particulièrement des migrants et de leurs familles. L'émigration a toujours constitué une source de revenus pour les pays d'origine, mais il semble qu'aujourd'hui, plus qu'à toute autre époque, la contribution financière des migrants au développement de leur pays d'origine occupe une place importante dans les projets de développement. Un rapport récent de la Banque mondiale estime que les envois officiellement enregistrés vers les pays à revenu faible et intermédiaire ont atteint 466 milliards de dollars en 2017[1]. Aussi, ce n'est pas sans surprise que des propositions allant dans le sens d'une canalisation de l'épargne des migrants pour soutenir des programmes de développement dans leur pays étaient avancées[2].

La contribution financière des nationaux expatriés peut se traduire aussi par les investissements qu'ils pourraient réaliser dans différents secteurs d'activité. La diaspora comprend en son sein des personnes très qualifiées, des hommes d'affaires capables d'entreprendre. Le nombre de retours des porteurs de projets sera à la mesure des efforts déployés par les PED, pour améliorer le climat d'affaires.

---

[1] Voir le bulletin d'information de la Banque mondiale sur les migrations et le développement, 2018.

[2] Haut Conseil de la Coopération internationale, *Biens publics mondiaux et coopération nationale, nouvelle stratégie pour de nouveaux enjeux*, Éd. Karthala, Paris, 2002, 330 p.

Apport en technologie de la diaspora

La diaspora se caractérise par la qualité de ses membres dont la majorité dispose de compétences. Ces derniers constituent un potentiel susceptible d'être mis en valeur par les pays d'origine. L'idée, ici encore, n'est pas nouvelle ; elle s'inscrit, toutefois, dans un contexte particulier, celui du « village global ».

Le retour des compétences peut être virtuel, grâce aux TIC qui offrent des opportunités illimitées[1]. Ainsi, le transfert de connaissances, la fourniture d'expertise sont possibles et peuvent être mis à la disposition des pays d'origine. Les nombreuses possibilités de coopération, de partenariat existent et peuvent être mises à profit aussi bien par les compétences expatriées que par leur pays d'origine ; des actions de plus ou moins grande envergure peuvent être envisagées pour promouvoir des projets requérant une certaine technicité.

Ces retours virtuels peuvent se transformer en retour réel, dans la mesure où les pays d'origine prennent les mesures appropriées. Celles-ci doivent tendre à créer un environnement propre à attirer les scientifiques et autres techniciens vivant à l'étranger. Des rémunérations attrayantes, des conditions de travail permettant la valorisation des compétences et des talents, sont autant de facteurs qui seraient de nature à encourager le retour des compétences. La dimension politique n'est pas à négliger. L'instauration d'un État de droit où la stabilité juridique est garantie, de même que la protection des droits de la personne humaine, est appelée de leurs vœux par les nationaux expatriés.

Le défi à relever est de taille. Si la tâche semble ardue, elle n'en est pas moins possible. La Chine en est un exemple. Elle a, grâce à des efforts considérables, réussi à redonner

---

[1] Fois M, « La diaspora virtuale e il suocontributo allo sviluppo », 174, aprile-jiugno 2009, p. 292-304.

confiance à ses scientifiques et chercheurs qui ont participé largement à l'essor économique et technologique de leur pays[1].

On le voit, s'offrent aussi bien aux compétences expatriées qu'aux pays d'origine des possibilités de promouvoir des actions. La Chine a réussi, par des mesures appropriées relatives aux salaires, à la création de centres de recherche n'ayant rien à envier aux PI, à attirer ses compétences vivant à l'étranger[2].

Il convient de remarquer que les propositions avancées par différents experts de l'OCDE n'ont aucun caractère nouveau. Elles diffèrent de celles présentées par le passé (en particulier par la CNUCED) par l'approche qui est des migrations des compétences qui répondent aux principes de la philosophie libérale. Celle-ci élude en grande partie l'inégalité de développement qui prévaut entre les pays du Nord et ceux du Sud, ces derniers ne disposant évidemment pas des mêmes potentialités financières et techniques que les premiers.

La migration des compétences a fait l'objet de plusieurs approches. Considérée comme un exode des compétences, l'accent était alors mis sur les facteurs de « répulsion ». Elle a été ensuite présentée comme un drainage des cerveaux, ce sont alors, les facteurs d'attraction qui ont été soulignés. Enfin, elle a été appréhendée sous l'angle du développement, donnant naissance à un concept original : le transfert inverse de technologie.

La question du partage des gains générés par ce type de migration a été le point crucial sur lequel se sont focalisées les oppositions entre PI et PED, ces derniers considérant qu'ils transféraient du capital humain aux premiers, sans

---

[1] Zweig D, « Les stratégies de la Chine pour faire revenir sa matière grise », *Problèmes économiques,* 2914, 3 janvier 2007, p. 17-23.

[2] Tan E, « Human resource development and foreign employment policies in countries of origin », *World Migration,* 2008, Managing labour mobility in the evolving global economy, Geneva, Iom, 2008, p. 257-284.

contrepartie. Les solutions proposées pour rééquilibrer cette relation se sont soldées par un échec.

Avec la mondialisation, la mobilité des compétences connaît un regain d'intérêt. Les enjeux économiques et technologiques dans une économie reposant avant tout sur les « savoirs » poussent les PI à opter pour une immigration choisie. Alors que la mobilité des compétences est encouragée, la question du partage de la prospérité que celle-ci génère est à nouveau posée.

Dans le cadre d'une politique de codéveloppement, ou d'un partenariat gagnant/gagnant, des politiques sont proposées. Elles présentent les migrants comme des agents essentiels du développement et, plus précisément, comme un vecteur du partage de la prospérité.

C'est ainsi que le financement du développement aura pour principale source l'épargne des migrants. Dans le même temps, il revient aux pays d'origine de « réattirer » leurs compétences expatriées. Ces derniers, par des envois de fonds, par leur apport technologique pourront contribuer au développement de leur pays d'origine.

Alors que la migration des compétences, si elle est bien gérée, est une source de gains pour l'ensemble des pays (pays d'émigration et pays d'accueil), la migration illégale constitue, au contraire, une source de difficultés pour tous les pays concernés, et de dangers pour les migrants.

CHAPITRE II

Les migrations irrégulières, une source de maux devant être prise en charge par la communauté internationale

Les migrations internationales sont, aujourd'hui, considérées comme un bien public mondial requérant une gouvernance globale.

La notion de bien public a été introduite récemment, au moment où l'économie est mondialisée. Celle-ci répond au libre jeu des forces du marché, limitant, par là même, l'intervention des États. Ces derniers sont devenus de plus en plus interdépendants, le processus de privatisation s'est étendu, tandis que le service public, dans sa conception classique, est remis en cause.

Pourtant, on admet aujourd'hui que l'État ainsi que la nation méritent d'avoir une plus grande place et jouer le rôle qui s'impose, notamment face aux dysfonctionnements qui ont pu être constatés. Pour répondre à ces exigences, une nouvelle notion sera introduite, celle du bien public. Pour certains auteurs, il s'agit plus d'une notion renouvelée, rappelant, à bien des égards, l'idée d'intérêt général, utilisée en droit interne français, ou encore, celle du bien commun, « arch », connues dans nos sociétés traditionnelles.

Par ailleurs, on observe qu'il y a, dans le monde, des biens générant la prospérité, ces biens doivent être respectés et sauvegardés au profit de l'ensemble de l'Humanité ; il existe aussi de par le monde des maux qui devront être pris en charge par l'ensemble de la communauté internationale. Ce sont les biens publics mondiaux, concept que l'on pourrait rapprocher de celui de patrimoine commun de l'humanité introduite en droit de la mer, en 1967.

La notion de bien public mondial apparaît comme un nouveau moyen de gestion des relations internationales. Les organisations internationales seront, alors, amenées à jouer un rôle en la matière, élargissant, par là même, leur champ de compétence. Dans cette perspective, les OIG (Organisations intergouvernementales) seront chargées de la production, de la distribution et de la redistribution permanente de ces biens. L'expertise dont disposent ces dernières, les ressources financières qui leur sont allouées par les États leur permettent de mener à bien cette mission[1].

Il n'existe pas de critères précis permettant de définir le bien public mondial. Son identification en tant que telle, relève d'une démarche empirique. Une liste des biens publics est élaborée en fonction des nécessités. C'est ainsi que les migrations internationales ont été ajoutées à la liste des biens publics mondiaux, déjà recensés.

Les migrations touchent l'ensemble des États, qu'ils soient pays de départ, pays de transit ou d'immigration. Les migrants, quant à eux, sont devenus des acteurs de la vie mondiale. Leur irruption dans l'espace transnational les a rendus plus visibles grâce aux diasporas qui interviennent de plus en plus largement dans les domaines économique, social et politique.

---

[1] Tavernier Y., « Comment les différentes organisations internationales intègrent-elles les biens publics mondiaux dans leurs stratégies ? », *in* Constantin F. (dir.), *Les biens publics mondiaux, un mythe légitimateur pour l'action collective*, p. 255 et suiv.

Le terme « diaspora » renvoie, à l'origine, à la dissémination des colonies grecques sur le pourtour de la Méditerranée. Plus tard, il prend une connotation plus politique en s'attachant à l'idée de la dispersion d'un groupe humain qui se cristallisera autour du mythe du retour vers la terre natale[1].

Le regain d'intérêt manifesté à l'égard des diasporas s'explique par le dynamisme dont elles font preuve, dynamisme qui n'a été pris en considération que récemment. Longtemps occulté, il a été mis en évidence par le nouvel ordre mondial et l'essor des moyens de communication qui le sous-tendent.

Cet intérêt se manifeste, d'abord, au sein de l'entité composée de nationaux vivants à l'étranger. Ces derniers tissent entre eux des liens leur permettant la production, non seulement de biens, mais aussi de valeurs propres, conférant à cette dernière une spécificité. Ce groupe entretient, également, des relations avec d'autres entités de même nature, à travers le monde où elles sont disséminées, grâce aux réseaux sociaux[2]. Enfin, les membres de ces diasporas ont une double allégeance avec leur pays d'origine, d'abord, et avec le pays d'accueil, ensuite.

Les migrants retiennent de plus en plus l'attention des États, pays d'accueil et pays d'origine de par la contribution qu'ils pourraient avoir pour le développement de chacun d'eux. L'apport intellectuel des membres de la diaspora et leur contribution financière, sont, aujourd'hui, indéniables.

---

[1] Voir numéro spécial « Migrations, transnationalisme et diaspora : théorie et études de cas », *Revue européenne des Migrations internationales*, 2012/2 (vol. 28).

[2] Voir Fibbi R., « L'approche transnationale dans l'étude des migrations », *in* Nedelcu M. (dir.), L*a mobilité internationale des compétences. Situations récentes, approches nouvelles*, Colloque de Genève, L'Harmattan, Paris, 2004, p. 62-73.

Les migrations internationales, si elles sont bien gérées, génèrent de la prospérité, comme c'est le cas pour la mobilité des compétences. Il conviendrait que cette richesse soit partagée[1] entre les différents acteurs. Elles sont également une source de maux qui devront être pris en charge par l'ensemble de la communauté internationale, comme ceux qui peuvent être engendrés par l'immigration irrégulière. C'est, sans nul doute, ce dernier aspect qui a focalisé l'attention des États et des différentes organisations internationales ainsi que des organisations non gouvernementales. Le sort des migrants irréguliers, confrontés à de nombreux dangers a suscité, dans un premier temps, l'émoi de l'opinion publique internationale et l'inquiétude, dans un second temps.

Pour mieux appréhender les enjeux d'un phénomène, somme toute complexe, il convient d'en cerner les contours, d'en identifier les causes, et d'en évaluer les incidences (chapitre I).

Les différentes politiques susceptibles d'être menées pour limiter l'ampleur des migrations irrégulières, qui prennent de l'ampleur, seront passées en revue. Si des actions sont menées pour protéger les migrants, plus nombreuses sont celles qui tendent à défendre les intérêts nationaux des États. Dans le même temps, des acteurs de la société civile se mobilisent, en particulier, les organisations non gouvernementales. Ils posent la question des politiques à envisager pour favoriser le développement des pays du Sud, ou encore pour faire face aux changements climatiques (chapitre II), principaux défis à relever pour arriver à une régulation des flux migratoires.

---

[1] Ardittis S., « Pour une régulation concertée des courants de compétences entre pays en développement et pays d'emploi », *Revue européenne des Migrations internationales,* vol. I, n° 1, sept. 1985.

SECTION I. LES MIGRATIONS IRRÉGULIÈRES : UN PHÉNOMÈNE COMPLEXE AUX MULTIPLES DIMENSIONS

Les migrations irrégulières sont un phénomène dont la complexité n'est pas à démontrer. Le caractère illégal aggrave les difficultés (déjà évoquées pour tous les mouvements de population) pour en évaluer l'ampleur, et par suite d'en apprécier les incidences tant pour les États que pour les migrants eux-mêmes.

1. Les migrations illégales : un phénomène aux contours difficiles à cerner

Les données chiffrées disponibles ne permettent pas de percevoir la proportion réelle des migrations irrégulières. Il est, en revanche, plus facile d'en identifier les causes, même si les motivations personnelles qui poussent les migrants à quitter leur pays, le sont moins.

Les migrations irrégulières : quelques données

L'identification des migrants illégaux est rendue malaisée par la diversité de leur situation. Les uns seront légalement entrés sur le territoire du pays d'accueil, c'est-à-dire en possession des documents de voyage requis. Mais, après le délai de séjour qui leur est imparti, ils ne quittent pas le territoire pour repartir dans leur pays d'origine ou pour une autre destination. Ils sont considérés, dès lors, comme des migrants illégaux, car séjournant irrégulièrement dans le pays d'accueil. D'autres, au contraire, ont réussi à pénétrer dans le pays d'accueil sans documents, soit qu'ils y aient été contraints par l'urgence (conflit ou catastrophe naturelle), soit qu'ils s'y soient préparés après avoir plus ou moins mûri leur projet[1].

[1] BIT, « Travailleurs migrants », Conférence internationale du Travail, 87e session, Genève, 1999.

Au cours de ces dix dernières années, les mouvements de personnes, émigrants irrégulièrement du fait de perturbations économiques, sociales et politiques sont observables un peu partout dans le monde. Les pays du Nord comme ceux du Sud sont touchés par ce problème. Ce type de migration qui concernait principalement les travailleurs hommes, s'est élargie à d'autres catégories sociales, notamment les femmes, les jeunes (filles et garçons) ainsi que les enfants[1].

Les difficultés rencontrées pour quantifier le volume des flux des migrants irréguliers sont accrues par la diversité des trajets empruntés par ces derniers. Un grand nombre d'entre eux tenteront d'atteindre directement leur destination après avoir quitté leur pays d'origine. Mais le plus souvent, ces migrants doivent prendre des chemins qui les obligent à traverser d'autres pays où ils transiteront avant de se diriger vers le pays d'accueil de leur choix. Certains préféreront s'établir durablement dans le pays de transit, tandis que d'autres continueront leur périple, après y avoir séjourné un certain temps ; celui-ci sera mis à profit pour accumuler un pécule nécessaire pour financer le reste du voyage.

Le caractère approximatif des informations relatives au nombre de migrants irréguliers est renforcé par la diversité de leurs sources et par les différentes finalités recherchées. Les données disponibles sont fournies généralement, par les États ou les associations et les Organisations non gouvernementales (ONG) s'intéressant aux questions migratoires.

Cependant, les États sont les principaux fournisseurs d'informations, en particulier, les pays d'accueil et plus précisément, ceux qui disposent d'outils statistiques et de moyens de contrôle performants. Les chiffres varient en fonction de l'organisme ou de l'institution qui en a fait la collecte.

---

[1] OCDE, « Perspectives des migrations internationales », *op. cit.*

Certains sont présentés par les administrations, notamment celles chargées du contrôle aux frontières ou encore celles qui ont pour mission d'assurer la sécurité sur le territoire (elles relèvent le plus souvent du Ministère de l'Intérieur). Dans un grand nombre de ces États, les forces de police sont habilitées à effectuer des vérifications d'identité au cours de rondes quotidiennes. D'autres données peuvent être le résultat d'opérations de contrôle menées par les agents du ministère du Travail chargés de traquer les employeurs qui comptent dans leurs effectifs, des travailleurs non déclarés ; parmi eux, ceux qui sont des migrants « sans-papiers » sont nombreux.

Les pays d'origine, eux aussi, contribuent dans une certaine mesure à la collecte de ces données. En réalité, les chiffres qu'ils proposent concernent surtout les migrants illégaux qui ont tenté de quitter irrégulièrement leur territoire en évitant les points de contrôle ou en fournissant des documents falsifiés. Ces « migrants potentiels » dont le projet a avorté seront retenus dans leur pays.

Les associations et les ONG qui assurent la protection des migrants et défendent leurs droits constituent une autre source de renseignements appréciable. Les informations qu'elles recueillent rendent mieux compte de la réalité du nombre des migrants irréguliers et des difficultés rencontrées par ces derniers.

La diversité des intervenants montre à quel point il est malaisé de quantifier avec précision le nombre des migrants irréguliers qui, de plus, sont souvent accompagnés d'un ou de plusieurs membres de leur famille.

Compte tenu de tous ces éléments, les estimations du nombre de migrants irréguliers dans le monde oscilleraient entre 2,8 et 6 millions[1]. Les données avancées peuvent

[1] Voir Ambrosini M., « Migrants dans l'ombre. Causes, dynamiques, politique de l'immigration irrégulière », *Revue européenne des migrations internationales*, vol. 26, n° 2, 2010, p. 7-32.

faire l'objet d'une certaine manipulation à des fins politiques : elles seront surestimées ou sous-estimées selon l'utilisation qui en sera faite[1]. Pour certains, la surévaluation du phénomène a pour but, à des fins électorales, de brandir le danger d'une migration susceptible de briser un certain équilibre social, renforçant, par là même, un sentiment identitaire, voire xénophobe. Pour d'autres, les flux des migrants irréguliers seront minimisés en les présentant comme un phénomène marginal dont la prise en charge s'inscrit dans le cadre de la solidarité du droit international humanitaire. Le rapport des Nations unies de 2017 estime que huit migrants sur dix sont des migrants réguliers.

L'Algérie a été longtemps un pays d'émigration. Elle connaît, depuis quelques années, un phénomène nouveau, celui de la migration irrégulière, qu'il s'agisse d'émigration ou d'immigration. En effet, elle assiste au départ d'un grand nombre de ses ressortissants et d'étrangers venus, en général, d'Afrique subsaharienne.

Ces derniers tentent de quitter, clandestinement le territoire algérien en faisant appel à des passeurs qui prêtent leurs services pour rejoindre les côtes du sud de l'Europe (l'Espagne surtout, à cause de la proximité géographique)[2].

En plus de cette émigration illégale, l'Algérie doit faire face également, à l'arrivée sur son sol, de nombreux migrants irréguliers. Ils sont originaires, en grande partie, des pays du Sahel, mais aussi d'Afrique subsaharienne ; certains transitent vers l'Europe, mais le plus grand nombre s'établit durablement sur le sol algérien. Longtemps considérée comme un pays de transit, l'Algérie est actuellement un pays d'accueil[3]. Les autorités algériennes ont estimé, en 2017, le nombre des migrants irréguliers à

---

[1] Voir Badi B. Bauman R., Decour E., *Pour un autre regard sur les migrations : construire une gouvernance mondiale*, La Découverte, Paris, 2008.

[2] Voir sur la rencontre du 18 janvier 2019, « Le Ministère de l'Intérieur se penche sur le phénomène de la harga », El Watan.com.

[3] Voir El Watan.com cité ci-dessus.

20 000[1]. Selon elles, près de 500 migrants par semaine tentent d'entrer illégalement sur le territoire algérien.

Ces quelques données, bien qu'éparses, partielles et peu précises peuvent, néanmoins, donner un aperçu de l'ampleur et de la complexité des migrations irrégulières. Celles-ci sont difficiles à cerner, du fait qu'elles ont pris une dimension mondiale.

Les difficultés sont persistantes lorsqu'il s'agit de déterminer les causes qui expliqueraient l'accroissement des flux de migrants irréguliers.

Les migrations irrégulières : une combinaison de facteurs

La recherche des causes susceptibles d'expliquer l'apparition et surtout l'aggravation du phénomène des migrations illégales semble simple à première vue, tant celles-ci sont connues.

L'extrême pauvreté dans laquelle est plongée une partie de la population mondiale, surtout celle qui vit dans les pays du Sud, apparaît comme l'une des raisons essentielles. Elle est indiscutable si l'on se réfère aux différents constats faits par de nombreuses institutions internationales qui étayent leurs conclusions par des données particulièrement éloquentes, dans de nombreux rapports[2]. Cette idée est connue et reprise dans différentes études qui confirment que les migrants fuient leur pays où la pauvreté est telle qu'ils ne peuvent subsister, eux et leur famille.

Pourtant, il faut pousser plus loin l'analyse pour comprendre comment ces populations en sont arrivées à ce stade de vulnérabilité. Il faudrait remonter dans le temps et revenir à la période des empires coloniaux qui ont vu la

---

[1] Selon le représentant de l'OIM à Alger, ce chiffre oscillerait entre 50 000 et 75 000 : voir *L'expression* du 22 février 2018, « Le nombre de migrants irréguliers oscille entre 50 000 et 75 000 ».

[2] Voir « L'ONU appelle à combattre la faim, la pauvreté et les conflits pour que la migration devienne un choix », https:/refuges mgrants.un.org

domination des puissances occidentales s'affirmer. Cela se traduira par l'exploitation des richesses naturelles des pays colonisés tandis que les populations de ces derniers connaissaient déjà, pour une large partie d'entre elles, la pauvreté et la précarité[1]. L'accession de ces colonies à l'indépendance, après la Seconde Guerre mondiale, n'a pas mis un terme à cette domination qui a pris des formes nouvelles. Celle-ci allie, désormais, la dépendance économique de ces jeunes États au dévoiement de leurs classes politiques, bien souvent gangrenées par la corruption[2]. L'enrichissement des élites de ces pays, celui des firmes multinationales et des États représentant les grandes puissances qui continuent d'avoir la main mise sur les ressources naturelles, ne profite que de manière marginale au reste de la population.

La mondialisation, selon certains économistes, a eu pour effet d'accroître la prospérité de nombreuses régions dans le monde. Elle a contribué, également, à paupériser une partie de la population mondiale[3]. Les nouvelles orientations prises par les politiques de développement qui préfèrent le partenariat ont conduit à un abaissement drastique de l'aide au développement, ce qui n'a pas été sans conséquence sur l'appauvrissement des populations des pays du Sud. Enfin, les effets du changement climatique auquel on assiste ces dernières années, donnent aux migrants irréguliers de nouvelles raisons de fuir des régions frappées par la sécheresse, les inondations et autres catastrophes naturelles.

---

[1] Zigler J., *Main basse sur l'Afrique*, Le Seuil, coll. combats, Paris, 1978, 304 p.

[2] Voir *Le Monde*, « En Afrique, la corruption sape les bases de la démocratie », 6 février 2019, https://www.lemonde.fr

[3] Voir « Migrations des travailleurs pauvres : une vision mondiale », Delacroix D. et Docquier F., *Regards croisés sur l'économie*, 2010/2 (n° 8), p. 170-179.

La pauvreté constitue indéniablement, une raison majeure du déplacement des populations. Cependant, cela ne suffit pas à expliquer cette migration qui touche aussi des pays qui connaissent, à l'heure actuelle, un certain essor économique, une certaine prospérité ; la Côte d'Ivoire en est un exemple. Il faut donc rechercher ailleurs les raisons qui poussent ces jeunes à quitter ces pays. C'est, sans doute l'attrait du mode de vie des pays occidentaux, largement relayé par les nouvelles techniques de communication qui a favorisé l'émergence d'un standard de consommation devenu mondial et auquel tous les habitants de la planète veulent accéder.

Le recours à la migration illégale a été renforcé par les politiques migratoires mises en œuvre par les pays d'accueil qui ont durci les conditions d'entrée sur leur territoire, notamment les pays du Nord[1]. Dans ce contexte, les migrants désireux d'améliorer leurs conditions de vie matérielles et leur épanouissement individuel, se tourneront vers les canaux non officiels pour atteindre la destination de leur choix assouvissant dans le même temps, leur désir de liberté.

Une autre cause majeure invoquée pour expliquer l'ampleur des migrations illégales, est la situation de conflit qui sévit dans le monde et, en particulier, dans le tiers monde[2]. Il peut s'agir de conflit armé entre deux États ou au sein d'un même pays, entre des factions rivales, politiques ou religieuses. Ce peut être le soulèvement d'une minorité s'opposant au groupe dominant dont elle subit les persécutions. Enfin, l'insécurité et l'instabilité engendrées par le terrorisme seront également à l'origine de déplacements forcés de populations qui chercheront refuge dans d'autres pays.

---

[1] Ce point a déjà été évoqué dans le chapitre relatif à la mobilité des compétences.

[2] Voir Rapport sur les tendances mondiales pour l'année 2017 de l'Agence des Nations unies pour les Réfugiés.

Toutes ces guerres larvées ou déclarées sont, sans nul doute, de nature à favoriser les migrations irrégulières. La responsabilité de ces conflits, en tout genre, pèse évidemment sur ceux qui en sont les initiateurs, quel que soit le motif invoqué. Pourtant, il convient, ici encore, de rechercher les causes profondes de tels conflits qui plongent leurs racines, parfois, dans une histoire lointaine ; celle-ci est marquée par des décisions et des actes politiques dont les conséquences se font sentir, aujourd'hui encore. Ainsi, le partage de l'Afrique[1] qui n'a pas tenu compte de l'Histoire et de la sociologie des peuples qui y habitaient avant l'avènement des empires coloniaux, a eu pour effet d'exacerber des différends qui remontent à des temps anciens au sein des États nouvellement indépendants. De même la création d'enclaves, au milieu de grands ensembles religieux ou socio-politiques[2], a conduit à intensifier les tensions entre les différents groupes.

L'esprit de domination, qui avait été longtemps le fer de lance de certaines puissances occidentales, continue de régner à l'heure actuelle ; il se manifeste à travers l'intervention de ces dernières qui, au nom de la protection des minorités ou encore de la défense des droits de l'Homme, exercent un droit d'ingérence. Loin de contribuer à la stabilité et au retour de la paix, ces interventions ont conduit, au contraire, au chaos, poussant des pans entiers de la population sur les routes de l'exil. L'Irak, la Libye, la Syrie sont autant d'exemples où les champs de bataille sont le siège des intérêts des grandes puissances qui s'opposent par « petits États » interposés.

Le rappel de l'ensemble des causes qui génère pauvreté ou conflit, a pour objectif de mettre en lumière la complexité des migrations irrégulières et tend à souligner que

[1] Voir Wesseling H., « *Le partage de l'Afrique* », Denoël, 2002, 840 p.

[2] La création de l'État d'Israël est l'un des exemples marquants de telles décisions.

ce phénomène ne concerne pas seulement les pays d'origine, ceux du Sud en particulier, mais aussi ceux du Nord, principaux pays d'accueil. Si les premiers ont une responsabilité avérée quant à la mauvaise gouvernance dont ils font souvent, preuve, les seconds en ont également, une part ; leurs interventions au niveau économique et politique tendent à servir leurs intérêts immédiats au détriment du bien-être des populations.

La mise en évidence des responsabilités partagées quant à l'amplification des mouvements migratoires illégaux a une importance toute particulière : l'approche de ce phénomène doit être globale. C'est dans cette même optique qu'il s'avère nécessaire de déterminer les conséquences de ces mouvements migratoires, pour l'ensemble des acteurs.

2. Impact économique et socio-politique

Les migrations irrégulières ont des incidences sur les économies des pays d'accueil : elles sont une source de main-d'œuvre bon marché répondant aux demandes de flexibilité émises par les entreprises, elles sont également une source de tensions sociopolitiques pour ces pays, dont les opinions publiques manifestent leurs inquiétudes.

Elles sont par ailleurs à l'origine de difficultés pour l'ensemble des pays concernés par le processus migratoire. Ces derniers doivent mettre au point des politiques reposant sur un équilibre entre la satisfaction des besoins sécuritaires d'une part et à celle liée à la protection des droits des migrants d'autre part.

Les incidences socio-économiques des migrations irrégulières

L'arrivée de migrants irréguliers ou leur présence sur le sol du pays d'accueil n'est pas souhaitée, elle est imposée aux autorités de ce dernier qui les sanctionnent. Pourtant, ces migrants sont tolérés en fonction de leur situation ou encore selon la conjoncture économique. En effet, les migrants qui réussissent à franchir les frontières et à accéder au pays dans lequel ils souhaitent s'établir seront considérés comme des migrants irréguliers, car ils ne disposent pas des documents justifiant de leur présence sur le territoire, comme ils ne peuvent prétendre travailler légalement conformément aux lois et règlements en vigueur. Un délai leur est bien souvent imparti, en leur offrant la possibilité de demander l'asile. En attendant une réponse, ils peuvent rester dans le pays d'accueil. Ils seront très peu à ne pas rechercher un emploi « au noir », contournant ainsi l'interdiction de travailler.

Ces migrants constitueront un réservoir de main-d'œuvre bon marché qui viendra pallier la pénurie dans certains secteurs désertés par les travailleurs du fait de la pénibilité du travail. En effet, on a pu constater à maintes reprises que malgré un nombre de chômeurs important, bien des emplois restent vacants, en particulier ceux qui sont proposés dans la restauration ou dans le bâtiment. Les migrants illégaux, malgré le manque d'informations chiffrées, participent de manière tangible au développement économique du pays d'accueil qui bénéficie de leur force de travail et quelquefois même de leurs compétences. Leur contribution varie évidemment, selon la conjoncture économique que connaît le pays d'accueil ; elle peut être même indispensable en période de croissance.

L'Allemagne, qui avait ouvert ses portes aux migrants (migrants irréguliers, demandeurs d'asile), a bénéficié d'une main-d'œuvre qualifiée et jouissant d'un certain niveau d'instruction. Alors que l'opinion publique allemande manifestait ses réticences quant à l'accueil de migrants jugés trop nombreux et que les partis politiques s'en faisaient l'écho, une information est tombée remettant en cause ce qui n'était que préjugés : la croissance allemande qui était à un niveau historique depuis quelques années, dominant les autres pays européens, en la matière, devait être revue à la baisse, à cause du manque de main-d'œuvre[1].

Malgré le caractère irrégulier de leur séjour, les migrants ont la possibilité de travailler pour subvenir à leurs besoins et à ceux de leur famille conformément à la convention du BIT[2].

Leur intégration dans la société n'est pas toujours facile du fait de l'insécurité où ils se trouvent en raison de leur situation. En Algérie, les migrants irréguliers, malgré le manque de données, constituent également une force de travail dont le coût est peu élevé. Ils viennent pallier le déficit de main-d'œuvre constaté dans le secteur de l'agriculture et du bâtiment, secteurs connus pour leur pénibilité et qui sont délaissés par les Algériens. Ces domaines d'activité emploient un grand nombre de Maliens et autres migrants venus d'autres pays africains. D'autres migrants illégaux trouvent à s'employer dans des secteurs requérant un certain savoir-faire, c'est le cas pour les Marocains qui excellent dans la pose du carrelage et la faïence, savoir-faire devenu rare, les artisans algériens qui en étaient dépositaires n'ont pu le transmettre du fait du manque d'intérêt manifesté par les jeunes.

Si ces migrants contribuent à la production de richesses dans le pays où ils se sont installés, en contrepartie, ils bénéficient, eux, d'une amélioration de leur niveau de vie. Ils peuvent même, pour certains, envoyer de l'argent à leur famille restée au pays ou accumuler le pécule nécessaire pour continuer leur périple vers la destination où ils souhaitent s'établir durablement. Ils profitent, dans certains cas, des progrès sociaux enregistrés dans le pays d'accueil, san-

---

[1] Voir « Allemagne. Faciliter l'immigration, une solution à la pénurie de main-d'œuvre qualifiée », *Courrier international*, 4 octobre 2018, www.courrierinternational.com

[2] Convention du BIT n° 143 sur les travailleurs migrants, adoptée en 1975 et entrée en vigueur en 1978.

té, alphabétisation, éducation pour leurs enfants, autant de services auxquels ils n'auraient pas eu accès dans leur pays. La charge qu'ils représentent pour le pays d'accueil explique que l'opinion publique s'inquiète de la présence d'étrangers qui sont susceptibles de remettre en cause leur bien-être social.

C'est à partir de tels arguments que des groupes politiques brandissent la menace des migrations irrégulières à des fins électoralistes. Ces discours peuvent être entendus surtout dans des périodes de crise et de repli sur soi, laissant prospérer des mouvements extrémistes. Les migrations illégales font à l'heure actuelle l'objet d'une instrumentalisation, qu'elle soit d'ordre marchand ou d'ordre politique.

Des employeurs peu scrupuleux embaucheront à peu de frais des migrants en situation irrégulière leur donnant une rémunération bien en deçà du salaire minimum exigé. Les marchands de sommeil profiteront, eux aussi, de cette situation pour offrir un hébergement souvent peu salubre en contrepartie de loyers ne correspondant en aucune façon aux conditions de vie proposées. À cela s'ajouteront des obligations qui pèseront sur ces migrants, qui n'ont d'autre alternative que d'accepter. Pire est le traitement auquel s'exposent ces migrants démunis et sans protection qui peut aller jusqu'à la réduction à l'esclavage.

L'ensemble de ces faits sont de nature à mettre en lumière la vulnérabilité de cette catégorie de population qui, indéniablement, nécessite une protection des États[1]. Ces derniers, dans leur majorité, mettent en œuvre des politiques adaptées qui répondent à leurs propres intérêts et aux impératifs inhérents à l'environnement international[2].

---

[1] Voir Ktistakis Y., « La protection des migrants au titre de la convention européenne des droits de l'homme et de la charte sociale européenne », Conseil de l'Europe, février 2014.

[2] Ces États ont ratifié des conventions internationales et ont souscrit des engagements dans ce cadre.

Les conséquences socio-politiques

Les migrations irrégulières auront, sans aucun doute, des conséquences sociopolitiques dues essentiellement à une conjoncture marquée par l'expansion du phénomène terroriste d'une part, et par l'aggravation de la crise migratoire, crise sans précédent, d'autre part.

Face à ces deux éléments, les États sont pris en étau entre la nécessité de mettre au point une politique destinée à assurer la sécurité de leur territoire et de leurs habitants, et l'impératif de garantir le respect et de protéger les droits de la personne humaine.

Alors que la menace terroriste était circonscrite à quelques pays, elle touche aujourd'hui l'ensemble de la communauté internationale. Le caractère illégal des migrations donne à ce phénomène, difficilement contrôlable, une dimension inquiétante à tel point qu'il est considéré comme l'un des crimes transnationaux organisés contre lesquels la communauté internationale entend lutter[1]. En effet, les migrants sont devenus, au fil du temps, la proie de réseaux maffieux qui monnayent leur traversée vers la destination de leur choix. Il s'agit véritablement d'un commerce où les migrants sont les victimes de passeurs sans foi ni loi.

Les nombreux morts en mer Méditerranée ont rendu tristement célèbres le sud de l'Italie et la région de Lampedusa où les immigrants irréguliers arrivent parfois à accoster et sont alors recueillis par les garde-côtes quand ils arrivent à rester en vie après avoir été abandonnés par leurs passeurs[2]. Les mêmes scènes se reproduisent aux abords de la Turquie et de la Grèce. Le Sahara, également, constitue un espace non moins dangereux où les migrants

---

[1] Voir résolution 1373 (2001) du Conseil de sécurité des Nations unies portant création du comité contre le terrorisme.

[2] Voir « Un an après le naufrage de Lampedusa, une forme d'impuissance politique et diplomatique », *Le Monde* du 3 octobre 2014, www.lemonde.fr

venus des pays du Sahel ou d'autres pays africains, ont disparu ou sont morts, abandonnés à leur propre sort par des passeurs peu scrupuleux dans une « mer de sable »[1].

Devant ces tragédies, les États et la société civile tentent de porter assistance à une population en danger. Il arrive, de plus en plus souvent, que des divergences opposent les autorités gouvernantes et les représentants de la société civile (associations, ONG) quant à l'étendue de l'assistance qui doit être accordée aux migrants arrivant par voie maritime ou terrestre dans des conditions de dénuement total. Pour les premiers, continuer à accueillir des migrants irréguliers, leur porter secours constituent « un appel d'air » pour d'autres migrants, ce qui, loin de réduire l'immigration illégale, ne fait, au contraire, que la renforcer. Pour les seconds, la solidarité qui doit unir les peuples et l'idéal porté par la Déclaration universelle des droits de l'Homme doivent servir de soubassement aux actions que doivent mener les pays d'accueil, plus riches. Certains estiment même que ce n'est là que le juste retour des choses : ces migrants poussés par la pauvreté ne sont que la conséquence de l'exploitation de leur pays d'origine ; les pays riches doivent, en compensation des richesses indûment acquises, venir en aide à ces personnes en quête d'un mieux vivre.

La question, on le voit, s'inscrit dans une dimension idéologique.

Alors que les premières vagues de migrants ont mobilisé une grande partie de l'opinion publique, alors que les migrations ne cessent d'occuper la scène mondiale, on assiste à un essoufflement des ONG et des associations qui soutiennent les migrants et leur accueil. Des voix de plus en plus nombreuses manifestent leurs réticences à voir le mouvement migratoire durer. Ceci s'explique par les diffi-

---

[1] Voir « Frontière algérienne : plus de 400 migrants sauvés dans le désert du Niger », *El Watan* du 6 septembre 2018, www.elwatan.com

cultés économiques des principaux pays d'accueil, en particulier ceux d'Europe et d'Amérique du Nord. Les populations de ces pays connaissent, elles-mêmes, une dégradation de leur pouvoir d'achat ; de plus, la crainte de voir des actes terroristes être perpétrés sur leur sol pousse les opinions à stigmatiser les migrants clandestins susceptibles de faire partie de ces réseaux qui, de par le monde, menacent la sécurité de leur pays. L'ensemble de ces facteurs n'est pas étranger, sans doute, à l'accroissement dans les pays d'accueil du sentiment xénophobe et plus précisément anti-musulman.

Un peu partout dans le monde, la montée du populisme laisse craindre que les migrants fassent l'objet de mesures de plus en plus sévères, rétention dans des centres administratifs, expulsion ou pire : refus de laisser accoster les bateaux transportant des migrants irréguliers, repêchés en haute mer).

Alors que la crise migratoire que connaît le XXIe siècle ne laisse pas la communauté internationale indifférente, celle-ci est désormais consciente que la question doit être étudiée avec l'ensemble des protagonistes. La nécessité de rechercher des solutions durables s'impose à tous.

SECTION II. DES POLITIQUES À LA MESURE DES ENJEUX

Les migrations irrégulières ont fait l'objet de nombreuses actions, destinées à les enrayer ou, du moins, à les limiter. Les pays d'accueil ont pris les mesures nécessaires pour décourager l'entrée et le séjour illégaux d'étrangers sur leur territoire. Celles-ci se sont très rapidement avérées insuffisantes. Des accords bilatéraux entre les pays d'accueil et les pays d'origine ont été envisagés et signés, dans certains cas. Les trafics en tout genre appellent une collaboration de tous les États qui cherchent à préserver la sécurité de leurs territoires d'une part et la protection des migrants d'autre part. Mais, en dernière analyse, c'est la lutte contre la pauvreté et les inégalités, causes profondes des migrations irrégulières, qui doit être menée et cela à l'échelle mondiale.

1. Les politiques nationales et leurs limites

Les pays d'accueil dans leur grande majorité ont adopté des législations qui tendent à décourager l'entrée de migrants irréguliers sur leur sol. Le caractère répressif de ces dernières n'a pas réussi à juguler ces flux. Le recours à la régularisation s'est avéré dans certains cas nécessaire. D'autres mesures relatives au retour sont elles aussi mises en œuvre, qu'il s'agisse de retour volontaire ou forcé.

Des politiques dissuasives et répressives aux régularisations

La politique migratoire adoptée par un grand nombre de pays d'accueil est marquée par son caractère dissuasif, voire répressif[1]. Malgré sa rigueur, cette politique n'a pu juguler le phénomène des migrations irrégulières. Des mesures de régularisation ont alors été envisagées par ces mêmes pays.

Des politiques dissuasives et répressives

Les premières mesures prises par les États pour faire face à l'entrée d'étrangers en situation irrégulière ont été d'abord dissuasives puis répressives. Les pays d'accueil ont adopté des mesures pour décourager l'entrée et le séjour des étrangers en les soumettant à des conditions rigoureuses. C'est dans cette optique que le législateur

---

[1] Voir Ottavy E. et Clochard O., « Franchir les dispositifs établis par FRONTEX. Coopérations policières transfrontalières et refoulements en mer Égée », *Revue européenne des Migrations internationales*, 2014, 30 (2), p. 137-156.

algérien prévoit, dans la loi de 2008[1], que tout étranger désireux d'entrer sur le sol algérien doit être muni des documents requis. Ainsi, seront nécessaires les documents que tout voyageur doit avoir en sa possession tel que le passeport en cours de validité. De plus, il lui sera demandé, le cas échéant, la présentation du visa, conformément aux accords liant l'Algérie et le pays d'origine, accords fondés sur le principe de réciprocité (article 4).

La sortie du territoire est également soumise à un contrôle rigoureux. Il concerne aussi bien les nationaux que les étrangers. Il s'agit, pour ces derniers, de migrants transitant par le territoire algérien, pour se rendre vers un autre pays (européen le plus souvent). L'Algérie est, dans ce cas, considérée comme un pays de transit.

Enfin, le séjour des étrangers sur le territoire algérien est soumis à différentes conditions. Les étrangers qui souhaitent séjourner pour une courte durée ou s'établir pour des raisons professionnelles doivent avoir obtenu les autorisations nécessaires telles que prévues par la loi (article 16). De même, l'employeur qui recrute un étranger doit le déclarer et exiger de ce dernier la présentation d'une autorisation délivrée par le ministère du Travail (article 17). Le transporteur qui a parmi ses passagers un étranger devra vérifier que celui-ci est en possession des documents justifiant de sa présence sur le territoire algérien (article 34). Enfin, la personne qui héberge un étranger doit en informer les autorités compétentes (articles 26 et 27). Toutes ces mesures sont autant de manifestations du caractère rigoureux de la loi relative à l'entrée et au séjour des étrangers sur le territoire algérien.

L'ensemble de ces dispositions sont assorties de sanctions (amendes ou emprisonnement[2]), destinées à décou-

---

[1] Loi 08-11 du 21 juin 2008 relative aux conditions d'entrée, de circulation et de séjour des étrangers en Algérie.
[2] Articles 40 et suivants.

rager d'abord, et à réprimer ensuite, l'entrée et le séjour illégaux des étrangers sur le sol algérien.

En plus des dispositions législatives et réglementaires, certains pays ont décidé, pour mettre fin à l'arrivée massive de migrants irréguliers sur leur territoire, d'ériger des barrières ou des murs, c'est le cas de la Hongrie et des États-Unis.

Ces différents dispositifs de tous ordres, ont donné les résultats escomptés, si l'on en croit les chiffres suivants : le nombre de migrants illégaux entrés en Europe a diminué de 43 % en 2018 par rapport à l'année précédente selon FRONTEX[1].

Pourtant, ils n'ont pas suffi à juguler complètement ce phénomène. Le contrôle des migrants séjournant illégalement dans certains pays d'accueil est difficile. Une politique de régularisation est alors envisagée.

Des politiques de régularisation

Le recours à la régularisation se justifie par la volonté de rechercher une certaine stabilité aussi bien pour les migrants que pour les autorités compétentes des pays concernés.

Les migrants entrés illégalement dans le pays hôte tenteront de s'y installer durablement en régularisant leur situation.

La régularisation est le dispositif juridique permettant le changement de statut. Le migrant irrégulier, par ce biais, sera considéré comme un étranger installé légalement sur le territoire du pays hôte. Plusieurs possibilités s'offrent à ce dernier pour en bénéficier.

Tout d'abord, le migrant entré illégalement peut demander l'asile aux autorités du pays qui l'accueille. S'il obtient le droit d'asile, il sera considéré comme réfugié ;

---

[1] Voir www.rtbf.be/info/monde/

des règles particulières lui seront appliquées, conformément à la convention sur le statut des réfugiés.

Ensuite, le migrant irrégulier, s'il contracte mariage avec une ou un ressortissant du pays d'accueil, sera en mesure alors, d'y résider légalement et, le cas échéant, d'obtenir la nationalité de son conjoint. Ce type de procédure est désormais rigoureusement contrôlé, le recours au « mariage blanc » étant devenu véritablement matière à spéculation.

La régularisation peut être également le fait de l'administration[1]. Un grand nombre de pays d'accueil mènent de manière périodique, des campagnes allant dans ce sens, comme c'est le cas dans les pays européens.

Cette procédure est soumise à un certain nombre de conditions, comme la présentation de justificatifs d'une activité salariée, la preuve d'une résidence régulière et paisible pendant un certain nombre d'années.

Ce type de procédure est généralement prévu par la loi. Elle a été largement encouragée par le mouvement associatif en particulier. Ainsi, la France et l'Espagne ont recouru, à plusieurs reprises, à la régularisation « des étrangers sans papiers ».

En Algérie, le phénomène d'immigration irrégulière étant récent, il ne semble pas que des procédures de régularisation aient été mises en œuvre, mais elle est néanmoins évoquée dans la loi 2008 (article 36).

Si certains migrants irréguliers ont pu bénéficier d'une régularisation, d'autres, en revanche, n'ont pas eu cette chance. Ils devront, pour ceux qui sont identifiés comme migrants irréguliers, retourner dans leur pays.

---

[1] Voir Leveau R., Wihtol de Wenden C., Mohsen-Finan K. (dir.), *Nouvelles citoyennetés : réfugiés et sans-papiers dans l'espace européen*, IFRI (Institut français des relations internationales), Paris, 2001, 202 p.

Retour volontaire, retour forcé

La question du retour n'est pas nouvelle. Tous les principaux pays d'accueil ont mis en place des mécanismes plus ou moins efficaces pour effectuer le retour des migrants, qu'il soit volontaire ou forcé.

Retour volontaire : des résultats mitigés

Au cours des années 1970, la crise économique touche le monde et en particulier l'Europe. Ainsi, la France s'est vue dans l'obligation de mettre fin à l'immigration de travailleurs non qualifiés d'une part, et d'adopter des mesures destinées au retour dans leur pays d'origine des migrants sans emploi, d'autre part. Elle proposait à ces derniers de repartir volontairement dans leur pays, moyennant des accompagnements financiers et techniques afin de leur assurer une réinstallation dans leur pays d'origine dans des conditions optimales. Plus récemment et dans le même ordre d'idées, le BIT a mis sur pied un programme de retour volontaire pour les migrants africains dans leur pays : le programme MIDA[1].

Les programmes de retour volontaire n'ont pas toujours eu les résultats escomptés. Les migrants réinstallés dans leur pays sont, pour une grande partie d'entre eux, revenus dans le pays d'accueil, retrouvant des modes de vie et de consommation auxquels ils s'étaient accoutumés, durant de longues années.

Les difficultés sont tout aussi importantes s'agissant du retour forcé.

[1] Migration internationale pour le Développement de l'Afrique, *in* OCDE « La cohérence des politiques au service du développement : migrations et pays en développement », *op. cit.*

Le retour forcé : les difficultés d'exécution

Les migrants qui n'ont pu obtenir le droit d'asile et ceux qui sont en situation irrégulière, se verront dans l'obligation de quitter le territoire du pays où ils séjournent. L'obligation de quitter le territoire, résultat d'une décision administrative, se concrétisera par une procédure d'expulsion (articles 30 et 36). Sa mise en œuvre, pourtant, se heurte à de nombreuses difficultés. Le migrant en situation irrégulière bénéficie de recours ; il est soutenu, dans ses démarches par des associations de défense des migrants, souvent très dynamiques[1]. Par ailleurs, ce migrant peut, durant le délai nécessaire à l'étude du dossier ou en attendant la sentence des instances judiciaires compétentes, s'évanouir dans la nature, échappant ainsi aux autorités en charge de son expulsion. De plus, l'identification du migrant peut s'avérer très malaisée, si celui-ci ne dispose d'aucun document justifiant de sa nationalité notamment. En effet, le retour du migrant ne peut s'effectuer vers aucun autre pays que le sien. La création des centres de rétention constitue, également, une source de discorde.

Les migrants irréguliers, durant la procédure d'expulsion et dans l'attente d'une reconduite à la frontière, ou encore de contrôle de leur identité, seront retenus dans des centres qui, pour bon nombre d'associations, sont assimilés à des prisons.

Les centres de rétention sont des espaces qui dépendent des autorités administratives. La rétention de tout migrant doit être soumise aux conditions prévues par la loi. Sur ce point, le législateur algérien, dans la loi de 2008, prévoit que des centres d'attente peuvent être créés destinés à l'hébergement des étrangers en situation irrégulière en

---

[1] Voir Lecadet C., Chappart P., « Les expulsés, leur voix, leurs droits », *Plein Droit* n° 107, décembre 2015, p. 3.

attendant leur reconduite à la frontière et ce pour une durée maximale de 30 jours renouvelable (article 37).

Il est admis, de manière générale, que le traitement accordé doit satisfaire aux normes d'hébergement que tout être humain est en droit d'attendre : les locaux doivent être salubres, le délai de rétention doit être raisonnable. Le délai de 90 jours renouvelable, prévu par la loi algérienne est trop long et peut être assimilé à une peine d'emprisonnement. Le pacte mondial pour les migrations a fait des recommandations en ce sens[1].

L'ensemble de ces mesures, qu'il s'agisse des reconduites à la frontière ou de la rétention dans des centres administratifs est coûteuse.

En effet, FRONTEX[2], fonds européen qui prend en charge toutes les actions de contrôle des entrées sur le territoire européen et celles relatives au retour des migrants irréguliers dans leur pays d'origine, faisait état de l'importance de la charge financière que représentait cette dernière mission.

La loi algérienne, pour sa part, prévoit que les migrants irréguliers feront l'objet d'une reconduite à la frontière. La décision d'expulsion est prise, en général, par le ministère de l'Intérieur, mais aussi par le *wali* lorsqu'il s'agit des zones frontalières (article 36).

Les autorités algériennes ont à cœur de montrer que les reconduites à la frontière s'effectuent dans le respect des droits de la personne humaine et de sa dignité. Celles-ci ont été quelques fois menées sous l'égide du Croissant-Rouge. L'hébergement et le transport des migrants et de leur famille sont à la charge de l'État algérien. Par ailleurs,

---

[1] Adopté par l'Assemblée générale des Nations unies le 19 décembre 2018 à Marrakech.

[2] Décision n° 575/2007/CE du Parlement européen et du Conseil du 23 mai 2004 portant création du fonds européen pour le retour pour la période 2008-2013 dans le cadre du programme général solidarité et gestion des flux migratoires.

des moyens de subsistance (vivres, vêtements) leur sont accordés[1]. Pourtant, un certain nombre d'ONG se sont élevées contre les reconduites à la frontière, jugées trop nombreuses et ont dénoncé les mauvais traitements qui seraient infligés aux migrants venus du Sahel[2].

Là encore, le même débat oppose les autorités des pays et les ONG. Les premières invoquent leur souveraineté et l'obligation qui pèse sur elles, celle d'assurer la sécurité de leur territoire ainsi que la protection des biens et des personnes. Les secondes, quant à elles, prennent fait et cause pour les migrants ; ceux-ci ne doivent pas faire l'objet de stigmatisation et leurs droits doivent être reconnus et garantis, conformément aux conventions internationales.

Ces points de crispation apparaissent surtout en période de crise où les tensions entre ces deux tendances sont exacerbées.

Face aux difficultés que rencontrent les États pour assurer le contrôle de l'entrée de migrants irréguliers sur leur territoire et de ceux qui y séjournent illégalement ainsi qu'à la charge financière qu'ils représentent, certains préconisent de remédier à ce phénomène migratoire en s'attaquant à ses racines.

2. Des actions communes pour lutter contre les causes des migrations irrégulières

Les actions susceptibles d'être envisagées pour limiter le phénomène des migrations irrégulières et leurs effets négatifs s'inscrivent dans un cadre global, que ce soit à un niveau régional ou international.

La lutte contre les réseaux maffieux d'une part, celle visant à éradiquer la pauvreté et les inégalités de dévelop-

[1] Voir *El Moudjahid* du 4 juillet 2018, « Les migrants illégaux nigériens regagnent leur pays : l'Algérie a pleinement rempli son devoir humanitaire ».

[2] Voir travaux du forum sur la migration clandestine (Alger les 19 et 20 janvier 2019), www:aps.dz:algérie.

pement dans le monde, d'autre part, sont les deux volets d'intervention des différents acteurs, États, ONG et instances internationales.

Lutte contre les réseaux maffieux

L'une des raisons qui favorise les migrations irrégulières est l'existence de réseaux de trafiquants qui en tirent profit. La nécessité de mettre fin à ce type d'activité a d'abord été envisagée à l'échelle nationale. Très vite, il est apparu qu'une coopération régionale s'imposait, d'autant plus que ces activités ne se limitaient pas au trafic d'êtres humains ; elles se diversifiaient, entretenant différentes relations avec le crime international organisé.

Lutte contre le trafic des migrants à l'échelle nationale

Le trafic de migrants consiste d'abord à aider des migrants à traverser les frontières illégalement. Ceux qui s'adonnent à ce type de trafic, sont appelés communément « passeurs » en Europe et dans le bassin méditerranéen, tandis qu'en Amérique du Sud en particulier, ils sont dénommés « coyotes »[1]. Ils guident les migrants à travers des routes qui sont hors du contrôle des autorités policières des pays concernés. Les migrants, après avoir versé la contrepartie financière due aux passeurs, sont acheminés, par voie terrestre ou maritime, vers la destination choisie. En plus des extorsions financières et matérielles, les migrants sont souvent victimes de violences et de traitements infamants dont la pire illustration est leur réduction en esclavage[2].

Les États ont pris des mesures pour mettre fin à ce trafic d'êtres humains. Ils entendent d'abord redonner force à

---

[1] OCDE, « La cohérence des politiques au service du développement : migrations et pays en développement », *op. cit.*

[2] Voir « Libye : des migrants vendus aux enchères comme esclaves », *Le Monde* du 15 novembre 2017.

la loi : les migrations doivent s'inscrire dans un cadre légal. Ils doivent, par ailleurs, assurer la protection d'êtres humains faisant l'objet de mauvais traitements souvent dégradants, cela conformément aux conventions internationales, dont la convention contre la torture et autres peines ou traitements cruels, inhumains ou dégradants du 10/12/1984. Les États, dans leur ensemble, ont opté pour des peines sévères qui répriment les activités de ces trafiquants. L'Algérie a prévu des sanctions pénales qui frappent le migrant qui tente de passer irrégulièrement la frontière, qu'il s'agisse d'émigration ou d'immigration. Des peines plus lourdes sont prévues à l'encontre des « passeurs » et des personnes qui apporteraient leur aide aux migrants pour la mise en œuvre de leur projet[1].

La recherche d'un équilibre entre la « sécurisation des frontières » et « le respect des droits humains » est ici encore posée. Ainsi, pour les ONG, l'assistance à une population déjà fortement éprouvée par les difficultés et les violences en tout genre qu'elle aurait pu subir est nécessaire ; au lieu d'un emprisonnement, une prise en charge sanitaire et humanitaire serait plus judicieuse. Quant aux personnes qui portent secours aux migrants en perdition, elles ne répondent qu'au devoir moral d'assistance que tout être humain est en droit d'attendre. Il est à signaler que la non-assistance aux personnes en danger est bien souvent punie par les législations nationales. De plus, demander aux citoyens d'informer les autorités policières ou administratives de la présence d'étrangers en situation illégale est, pour une partie de l'opinion publique, une forme de délation qui n'a cours que sous des régimes totalitaires.

Néanmoins, les événements récents ont montré l'attitude intransigeante des autorités italiennes et celles d'autres pays du sud de l'Europe, qui ont refusé de recevoir des bateaux ayant recueilli des migrants, au motif que

---

[1] Article 175 bis du Code pénal.

les accueillir reviendrait à encourager l'arrivée de nouveaux migrants irréguliers.

La question est délicate et les réponses peu aisées. Dans ce contexte, des actions communes entre les États sont préconisées ; pays d'origine et pays d'accueil conjugueront leurs forces et leur expérience pour mettre à mal les réseaux de trafiquants de migrants. Des accords bilatéraux ont été signés ou sont en voie de l'être, comme ceux qui lient la France et le Mali (2016) ou encore l'Algérie et le Niger (1997).

Ces actions au niveau local, si elles ont eu quelques résultats, n'en demeurent pas moins insuffisantes, compte tenu de l'ampleur du trafic qui ne se limite pas uniquement aux migrants, mais à bien d'autres domaines.

Dans ce contexte, les États tenteront de lutter contre les migrations irrégulières, chacun à son niveau, notamment par un contrôle drastique aux frontières. Cette lutte s'élargira à un cadre régional, grâce à une coopération entre différents États et qui peut prendre, dans certains cas, une dimension internationale. Elle aura pour but d'éradiquer les réseaux liés au crime international organisé.

La lutte contre le crime transnational organisé

De nombreux États, dont l'Algérie, ont inscrit parmi leurs priorités la lutte contre les migrations irrégulières qu'ils considèrent comme intimement liées au crime transnational organisé et au terrorisme, en particulier. La nécessité de mettre au point une stratégie visant à coordonner les forces des différents États dans le cadre régional d'abord, international ensuite, a été rappelée à maintes reprises. Celle-ci doit reposer sur deux axes : le premier vise le contrôle des flux migratoires, grâce à une coopération entre pays d'accueil et pays d'origine. À cet égard, l'Algérie, pays de transit, a la double tâche de surveiller les flux des migrants venus d'Afrique subsaharienne et ceux qui tentent de quitter son territoire, qu'il s'agisse de ses ressortissants ou d'étrangers, désireux de rejoindre le sud de l'Europe. Dans cette optique, des réunions périodiques sont prévues ainsi que la création d'organes de veille.

Dans le cadre du dialogue euro-méditerranéen, l'Algérie a participé aux différentes rencontres organisées entre dix pays du pourtour de la Méditerranée, les cinq premiers situés au sud et les cinq autres au nord (dialogue cinq plus cinq)[1]. Différentes thématiques y sont abordées et parmi elles, celle consacrée à la lutte contre le crime organisé et les migrations irrégulières.

Par ailleurs, l'Algérie et le Niger ont mis en place un organe de veille destiné à maîtriser, par une action commune, les flux de migrants qui essaient d'entrer illégalement sur le sol algérien, en concentrant leurs efforts sur le démantèlement des réseaux de trafiquants qui les organisent.

La coopération régionale qui se met peu à peu en place pour juguler les flux des migrants s'accompagne d'un autre type de collaboration plus large dans l'espace, pouvant revêtir une dimension internationale.

Le second axe de la stratégie poursuivie par l'ensemble des États a pour objectif de lutter directement contre le crime transnational organisé. Celui-ci peut prendre des formes diverses, allant de la mendicité organisée, au trafic d'armes ou de drogue, en passant par la contrefaçon. Au même titre que les migrations irrégulières, ces trafics en tout genre, génèrent des profits considérables qui, cela est désormais admis, constituent une source de financement pour le terrorisme[2].

Le crime organisé a des ramifications partout dans le monde. Il a investi différents domaines, constituant, par là

---

[1] Ces rencontres ont trait à la lutte contre le terrorisme et toutes les autres formes de crime organisé, dont les migrations irrégulières.

[2] Voir « Abdelkader Messahel : "L'immigration clandestine est une menace pour la sécurité nationale" », *El Watan* du 11 juillet 2017.

même, une véritable menace pour les États et de façon plus large, un danger pour la sécurité du monde. Il s'agit donc de coordonner un certain nombre d'actions qui sont menées dans un espace donné, celui d'un pays, ou celui d'une région, celle du Sahel, par exemple.

La convention de Palerme portant sur le crime transnational organisé est adoptée par l'Assemblée générale des Nations unies, dans sa résolution 55/25 du 15 novembre 2000 ; elle est entrée en vigueur le 29 septembre 2003. Cette convention s'intéresse à diverses questions liées à la criminalité nationale et transnationale et à la criminalité organisée. Elle propose aux États signataires un certain nombre d'éléments qui permettent de définir leur champ de compétences ainsi que le cadre de la coopération intergouvernementale et de préciser les questions juridictionnelles et les droits des victimes. Trois problèmes retiendront une attention particulière et donneront lieu à l'adoption de protocoles facultatifs. Parmi eux, celui qui est relatif au trafic de migrants, par terre, air et mer qui a été adopté par la résolution 55/25 de l'Assemblée générale. Il est entré en vigueur le 28 janvier 2004.

La convention de Palerme a été l'aboutissement d'un long processus initié par le conseil économique et social. La première étape a été marquée par la tenue d'une conférence ministérielle mondiale qui s'est déroulée à Naples (Italie) du 21 au 23 novembre 1994, sous l'égide de la commission sur la prévention du crime et la justice pénale, créée par le conseil économique et social en 1992. Cette conférence a abouti à l'adoption de la déclaration de Naples qui servira de base à la convention internationale sur le crime transnational organisé.

Au-delà de ces solutions visant à mettre fin aux activités évoquées plus haut, il convient de s'intéresser de plus près aux causes profondes qui sont à l'origine de telles situations.

Lutte contre la pauvreté et les inégalités dans le monde

L'extrême pauvreté et les inégalités continuent de marquer des régions entières dans le monde, malgré les différentes politiques menées à différents niveaux par les États et les organisations internationales. Les efforts déployés par les Nations unies se manifestent à travers la résolution relative aux objectifs du millénaire que la communauté internationale s'engage à atteindre à l'horizon 2030[1]. Celle-ci s'attachera d'autant plus à tenir ses engagements, que la question des migrations irrégulières devient de plus en plus prégnante.

Lutter contre la pauvreté et les inégalités revient à s'attaquer à leurs causes. Il ne sera pas question ici des conflits et des liens évidents qu'ils ont avec l'état de pauvreté des populations qui en sont victimes, car leur résolution est complexe, compte tenu des intérêts considérables qu'ils sous-tendent.

Il suffira de rappeler l'importance du problème du changement climatique et de ses effets, qui peut constituer un premier champ d'intervention.

La nécessité d'assurer le développement des régions marginalisées, en est un second.

Une nouvelle gouvernance pour le changement climatique

La question du changement climatique est d'un intérêt tout particulier, car il est aujourd'hui prouvé que les migrations illégales ou les déplacements de personnes seront à l'avenir de plus en plus importants du fait des perturbations qu'il induira sur la vie et le bien-être des habitants de certaines régions[2]. Si les « climato-sceptiques » sont encore nombreux, la prise de conscience de la gravité du

---

[1] Déclaration du millénaire (AG des Nations unies, septembre 2000, document A/RES/55/2), Objectifs du millénaire pour le développement (OMD).
[2] Ce point a déjà été évoqué plus haut (voir les causes des migrations).

phénomène ainsi que de l'interdépendance des États, a conduit à l'adoption d'instruments juridiques, dont l'accord de Paris[1].

La lutte contre le réchauffement climatique est l'objectif essentiel que s'est fixé la communauté internationale pour préserver la planète et ses habitants. C'est aussi la volonté d'éviter, à plus ou moins long terme, la migration de réfugiés climatiques, poussés par la pauvreté due à des catastrophes naturelles qui leur ont fait perdre leurs moyens de subsistance.

La stratégie mise en œuvre repose à l'heure actuelle sur les actions des États qui doivent consentir des efforts à leur niveau d'abord, en réduisant l'émission de gaz à effet de serre. Ils doivent, ensuite, apporter leur soutien financier, notamment aux PED, pour que ces derniers puissent mener à bien les transformations économiques qu'ils seront amenés à opérer. Elle met en jeu également les citoyens du monde qui, par divers canaux (manifestations, réseaux sociaux, actions menées par les ONG) font entendre leur voix, pour la protection de la planète et un mieux vivre dans un environnement sain[2]. Bien que l'on assiste, semble-t-il, à un véritable engagement des différents protagonistes, le chemin pour atteindre les objectifs fixés sera long. Les récentes défections de certains États dont les É.-U., qui se sont retirés de l'accord de Paris, n'augurent pas de grandes avancées pour les années à venir. Par ailleurs, les oppositions entre PI et PED quant au soutien financier que les premiers doivent apporter aux seconds notamment, constituent une entrave pour la concrétisation des objectifs à court terme[3].

---

[1] Conférence de Paris de 2015 sur les changements climatiques (COP 21).

[2] Voir Greta Thunberg et les jeunes marchent pour le climat à Paris, https://www.lemonde.fr

[3] Voir « COP 24 : des règles communes adoptées mais un texte final sans ambition », https:/www.france24.com

Un autre domaine d'intervention, non moins important, est la lutte contre les inégalités en matière de développement.

Gouvernance et lutte contre les inégalités

La question du développement n'est pas nouvelle (ce point a été abordé longuement dans les chapitres précédents). Elle a été posée au lendemain de la Seconde Guerre mondiale. Or, après des décennies consacrées à l'essor économique des pays du tiers monde et à la lutte contre les inégalités criantes qui opposaient les PI et les PED, celles-ci sont encore présentes avec des dimensions nouvelles.

La mondialisation a été porteuse de richesses, mais elle a généré également de la pauvreté, creusant les inégalités à tous les niveaux, local, régional et international[1].

Mettre fin aux inégalités et par là même à la pauvreté reste un objectif qui relève de l'utopie, tant les intérêts en jeu sont considérables. L'expérience des pays émergents en matière d'investissements et d'aide au développement, en direction des pays moins développés, a montré que les actions menées dans ce cadre répondaient plus à la satisfaction de leurs intérêts et à la maximisation de leurs profits, qu'au souci d'améliorer la situation économique et sociale de ces pays.

Pourtant, les récentes rencontres UE/Afrique, laissent présager d'une coopération ou plutôt d'un codéveloppement qui se traduira par un investissement massif des pays européens dans différentes régions africaines, dans le but d'enclencher un développement économique dont la responsabilité, il faut le rappeler, incombe en premier chef à ces dernières. Ces efforts financiers ne relèvent pas de la simple philanthropie, ils ont pour objectif ultime la stabilisation des populations de ce continent. Le sommet UE/UA

---

[1] Voir le rapport Oxfam 2018, « Partager la richesse avec celles et ceux qui la créent », www.oxfam.org

qui s'est tenu à Abidjan[1] comptait, parmi ses objectifs, la limitation des migrations africaines vers l'Europe en investissant notamment sur la jeunesse.

Dans le même temps, la grande marche des migrants venus des pays les plus pauvres d'Amérique latine (Guatemala, Honduras) a montré la détermination de ces derniers à participer à la prospérité mondiale, en voulant entrer, coûte que coûte, aux États-Unis[2].

La grande vague de protestation des citoyens français, demandant plus de justice sociale, a été relayée par les médias et les réseaux sociaux, faisant le tour du monde[3]. Ce mouvement social qui a été déclenché dans un cadre local aurait pu prendre une dimension régionale, voire mondiale.

Il est encore trop tôt pour évaluer l'impact de ces différents mouvements. Pour certains auteurs, ils sont une réponse aux dysfonctionnements du marché que les États, privés d'une partie de leur pouvoir, n'ont pu prendre en charge.

Il semble alors qu'une nouvelle gouvernance se mette en place. Celle-ci met en évidence les différents acteurs impliqués dans les migrations irrégulières : les États, les OI et les migrants.

Les migrations irrégulières ont des causes multiples, qui tiennent d'abord à des motivations personnelles, à des conditions de vie mauvaises (pauvreté, insécurité). Ce type de migrations est au centre d'enjeux importants : la sécurité des États qui entendent sauvegarder leur souveraineté, le droit à une vie meilleure pour les migrants qui tentent de s'établir dans des pays ou des régions plus prospères.

---

[1] Cinquième sommet Union africaine/UE, Abidjan, les 29 et 30 novembre 2017.

[2] Voir « Un immense cortège de migrants se dirige vers les « États-Unis », https://www.lemonde.fr

[3] Voir « Mouvement des gilets jaunes : toute l'actualité sur le Monde.fr », https://mobile.lemonde.fr

Cependant, les difficultés rencontrées par les pays d'accueil, celles auxquelles doivent faire face les migrants, nécessitent la prise en considération des différents aspects de ce problème. Une action commune des différents acteurs est nécessaire. Les migrations internationales, bien public mondial, appellent aujourd'hui à une gouvernance globale.

Au début des années 1990, on assiste à une mutation profonde de l'économie mondiale, marquée par le triomphe de la pensée néo-classique libérale. L'organisation de la vie internationale en sera, elle aussi, affectée, caractérisée par la prééminence des institutions techniques comme le FMI, la Banque mondiale ou encore l'OMC. Dans le même temps, les organisations internationales à caractère plus politique, comme l'ONU ou l'OIT, perdent de leur pouvoir. Il en est de même pour les États qui, longtemps attachés à leur souveraineté et pouvant alors influer sur les relations internationales, devront désormais se soumettre aux principes et règles d'une nouvelle gouvernance marquée du sceau du libéralisme et de la toute-puissance du capitalisme financier.

Ce concept apparaît alors que la crise économique secoue le monde au cours des années 1980. Celle-ci donnera un coup d'arrêt au processus de développement amorcé dans bon nombre de PED, remettant en cause l'efficacité des politiques mises en œuvre par ces derniers. L'intervention, de plus en plus fréquente, des institutions financières pour aider ces pays à faire face aux problèmes économiques et à ceux de la dette, les orientations nouvelles adoptées par l'aide internationale, la globalisation des flux financiers, favoriseront l'émergence de ce concept nouveau, à caractère technique.

La gouvernance n'a pas été définie au plan juridique. Elle a fait l'objet de différentes approches[1], ce qui la rend

---

[1] Rajaonah V., « Réflexions sur le rôle de l'État pour la promotion d'un nouvel ordre mondial », *in* Unesco, « Réunion d'experts sur les droits et devoirs

bien difficile à cerner. Cette notion, néanmoins, est assez solide pour cristalliser l'intérêt et la réflexion d'une part, et assez souple pour faciliter la convergence de vues, d'autre part.

La gouvernance repose sur des principes tels que la transparence, pour ce qui concerne particulièrement la gestion de l'information, ou encore la subsidiarité qui consiste à prendre en compte les besoins des populations, pour y répondre au plus près[1]. D'autres principes pourront alors entrer en ligne de compte, comme la démocratisation ou la participation.

La gouvernance est porteuse d'efficacité et de rationalité. Elle renvoie aux modes et techniques de gestion de toute entreprise, quelle qu'en soit sa nature, économique, sociale, politique.

Dans ce cadre, le rôle dévolu à l'État sera amoindri ; il continuera néanmoins à avoir sa place, mais de nouvelles fonctions lui seront assignées : maintien de l'ordre public, sécurité, mise en place de conditions favorisant l'activité économique des entreprises. Les principes et règles de la gouvernance sont élaborés par des institutions spécialisées, elles ne sont pas cependant les seules, d'autres instances pourraient y participer.

Les migrations internationales vont, elles aussi, faire l'objet d'une nouvelle gouvernance. Jusqu'ici, seuls les États avaient l'initiative de gérer les flux de migrants, ouvrant ou refermant leurs frontières, en fonction de leurs intérêts nationaux. Conformément à l'esprit libéral néo-classique, leur gestion répond avant tout à un souci d'efficacité, le recours à l'immigration choisie en est une

---

découlant pour les États et les groupes de l'établissement d'un nouvel ordre économique et culturel international », Paris, 10-13 avril 1978 (Doc. SS.78/CONF. 604/8, 10 avril 1978).

[1] Voir Lamy P., *La bonne gouvernance publique et privée dans le contexte de la mondialisation*, Séminaire OSCE, Bruxelles, 30 janvier 2001.

première illustration, le durcissement de la lutte contre les migrations irrégulières en est une seconde.

Pourtant, au-delà de l'efficacité, objectif recherché, d'autres éléments méritent d'entrer en ligne de compte pour répondre aux besoins des migrants. Certains auteurs ont appelé à sortir de l'économisme[1] qui envahit notre monde aujourd'hui. L'économisme renvoie au mouvement qui tend à rationaliser toutes les activités et tous les domaines de la vie sociale et politique, selon des critères économiques tels que rentabilité, efficacité, technicité.

Les migrations internationales ne doivent pas être laissées aux seules forces du marché. Leur régulation est désormais une nécessité, devant tenir compte des pays dont le niveau de développement est insuffisant et dont la pauvreté des populations est notoire. Si la responsabilité d'une telle situation incombe, en partie, à la mauvaise gouvernance des décideurs de ces pays, elle revient, également, à la politique menée par certains pays plus riches, plus industrialisés, qui continuent de tirer profit de ces derniers.

Les relations internationales doivent reposer sur le principe de solidarité. Cette idée est ancienne, mais elle s'inscrit, aujourd'hui, dans un contexte nouveau où les maux de la planète sont vécus par tous, l'interdépendance des États et des peuples étant de plus en plus importante et incontournable.

La nouvelle gouvernance mondiale se justifie d'autant plus que l'ordre existant à l'heure actuelle a montré à bien des égards ces dysfonctionnements et des défaillances[2]. Ainsi, les politiques visant la réduction de la pauvreté ont fait l'objet de critiques, car, loin de s'attaquer aux racines du mal, elles tendent à apporter un complément de res-

---

[1] Voir Merlant Ph., Passet, Robin J. (dir.), *Sortir de l'économisme, une alternative au capitalisme néolibérale,* Édition de l'atelier, 2003.

[2] Le Goulven K., « Les biens publics mondiaux comme une solution aux défis politiques du XXIe siècle », *in* Constantin (dir.*), Les biens publics mondiaux, op. cit.*

sources aux populations confrontées à la famine et aux guerres. En revanche, le développement économique et la mise en place d'infrastructures susceptibles d'y concourir, sont relégués au second plan. Il ne s'agit plus, comme au lendemain de la Seconde Guerre mondiale, de s'intéresser à l'aide fournie par les pays les plus riches aux pays les plus pauvres.

Il conviendrait, à l'heure actuelle, de gérer un bien public qui, dans certains cas, génère de la richesse devant être répartie équitablement. Ce bien public mondial est également à l'origine de dysfonctionnements et de maux et il appartient alors, à la communauté mondiale, dans son ensemble, de les prendre en charge. Dans le cas contraire, la pauvreté et l'insécurité dans les pays du Sud, ont de fortes chances de se répercuter, à plus ou moins long terme, sur les pays du Nord. Les actes terroristes observés au large des côtes de la Somalie, qui affectent la sécurité du transport maritime et les intérêts des grandes compagnies industrielles et commerciales ainsi que ceux des pays les plus riches, n'est, en dernière analyse, que la conséquence de l'extrême pauvreté et de la précarité qui sévissent dans ce pays.

Dans le même ordre d'idées, la migration des compétences peut avoir des incidences négatives sur les pays de départ, plus précisément les PED. Ces derniers voient leur développement économique entravé par la perte de leur élite intellectuelle. Les dysfonctionnements qui s'en suivent, conduiront bien souvent à une précarisation et un appauvrissement de leur population. Les inégalités entre pays du Sud et pays du Nord allant croissant, ces derniers devront faire face à une pression migratoire de plus en plus importante.

L'idée d'un développement solidaire a été avancée : ceux qui bénéficient de la prospérité grâce à la migration du capital humain, notamment des pays du Sud, devront apporter leur concours au développement de ces derniers.

Cette contribution pourrait prendre la forme d'investissements de nature à reconstituer « le stock » des compétences indispensables à leur essor économique et à l'évolution de leur environnement socio-politique.

Les pays d'émigration pourraient, dans le cadre du développement solidaire, adopter les politiques qui s'imposent pour décourager le départ de leurs ressortissants, par la mise en place de conditions de vie et de travail correspondant à leurs aspirations.

Les intérêts différents que chacune des parties, pays d'accueil, pays de départ, cherchent à satisfaire, pourraient, en dernière analyse, trouver un point de convergence, celui de la nécessité de réguler les migrations internationales en menant une action commune contre les migrations irrégulières et contre les réseaux mafieux qui en tirent profit.

Le développement solidaire ne suppose pas que tous les pays poursuivent les mêmes objectifs, leur niveau économique, ainsi que leur environnement sociétal les différenciant. Il sous-tend qu'un codéveloppement[1] effectif, tenant compte des intérêts de tous et de chacun soit mis en œuvre. Le codéveloppement, ou le développement solidaire doit être le fruit d'une démarche qui prend la pleine mesure de l'interdépendance des États et de l'arrivée, sur la scène internationale, d'un facteur nouveau, les migrants qui transcendent les politiques menées par l'ensemble des pays, créant un espace transnational échappant à ces derniers.

Désormais, les États, les O.I ne seront plus seuls à jouer un rôle dans la gestion des migrations internationales. Une gouvernance mondiale, multi-acteurs s'impose.

---

[1] Brigitte Girardin, Ministre française déléguée à la Coopération, au Développement et à la Francophonie, www.map.ma/mapfr/far/textes/migration-codevelop-ministre.htm

TROISIÈME PARTIE

Migrations internationales : un cadre juridique et institutionnel en évolution

Les migrations internationales, après avoir été un objet d'étude pour les économistes, les sociologues et les politologues, sont désormais devenues un champ d'investigation pour les juristes. Ces derniers s'étaient déjà penchés sur cette question, mais de façon ponctuelle, ou partielle. En effet, les migrants et leur protection en matière de travail et de droits sociaux dans le pays d'accueil, la condition des réfugiés et le droit d'asile ont été autant de questions qui ont attiré l'attention de spécialistes dans ce domaine. Pourtant, il faut bien le constater, ces premières interventions n'étaient pas à la mesure de la complexité du phénomène migratoire tel qu'il se présente à l'heure actuelle (chapitre 1).

Le principe même du droit de libre circulation posé par la DUDH, interprété jusqu'ici comme le droit d'émigrer, fait l'objet d'un regain d'intérêt. La mobilité des migrants, un fait qui s'est imposé aussi bien aux États qu'aux opinions publiques, ouvre de nouveaux champs de réflexion. Le droit de libre circulation reconnu aux individus, peut-il être mis en échec par les États qui entendent le limiter, au nom de leur souveraineté ? La problématique est ainsi posée.

Entre le pouvoir régalien des États qui désirent préserver leurs intérêts et ceux de leurs ressortissants d'une part, et le droit de circuler librement revendiqués par les migrants dans un monde globalisé où les barrières tombent pour laisser passer les marchandises, d'autre part, se joue la mise en place d'un cadre juridique et institutionnel visant la régulation des flux migratoires.

Les États ont opté dans leur majorité, pour des politiques migratoires fondées sur le « tout sécuritaire » et les institutions internationales, quant à elles, soutiennent et réaffirment les droits des migrants, en adoptant des d'instruments juridiques conformes aux principes de la DUDH et à la protection des droits de la personne humaine.

Deux sources de normes coexistent, les unes à l'échelle nationale, les autres à vocation internationale formant les deux axes essentiels d'une nouvelle gouvernance des migrations internationales.

L'approche restrictive de cette question par les États laisse la place à une autre plus globale qui repose sur des actions normatives au niveau national, régional et international qui tient compte des divers acteurs qui, dorénavant, contribueront à la recherche d'une gouvernance mondiale de la migration. Cette démarche a pour principe directeur d'appréhender le phénomène migratoire dans son ensemble d'abord et dans ses différentes dimensions, ensuite.

Le droit international classique, qui jusqu'ici avait suffi à régir la vie de la société internationale composée exclusivement des États considérés comme seuls sujets de ce droit, s'avère, aujourd'hui dans l'incapacité d'apporter les solutions appropriées à un monde en perpétuelle évolution. Ainsi, les individus sont devenus, eux aussi, des sujets du droit international. Dans ce contexte, les migrants ne sont plus seulement les sujets passifs d'un système juridique qui leur impose ses lois, ils sont désormais des acteurs revendiquant le respect de leurs droits humains, les ONG œuvrant dans ce domaine faisant preuve d'un dynamisme sans précédent.

L'adoption du pacte de Marrakech sur les migrations internationales est, sans doute, l'instrument juridique le plus complet qui prend en compte la diversité des questions soulevées par les migrations. L'ensemble des intérêts en présence sont pris en considération, ceux des pays d'émigration, d'immigration et de transit d'une part, ceux des migrants et de leurs familles d'autre part. C'est, de plus, un outil juridique qui, de par sa souplesse (car non contraignant), est le mieux adapté pour la mise en place d'une régulation des migrations.

Cette nouvelle approche pose, en dernière analyse, la question de l'évolution du droit international vers un droit mondial des migrations, question qui pourrait s'étendre d'ailleurs, à d'autres domaines.

Cependant, certains auteurs ont, d'ores et déjà, manifesté leur scepticisme, s'interrogeant sur l'importance accordée aux aspects des droits de la personne humaine, au détriment de ceux liés au développement des pays du Sud, principaux fournisseurs de migrants (chapitre 2).

CHAPITRE I

Droit international des migrations : des éléments épars

Longtemps, les migrations internationales n'ont pas fait l'objet d'instruments juridiques spécifiques. Certains aspects de cette question, ont été abordés par la Déclaration universelle des droits de l'Homme qui affirme que la liberté de circulation est un droit fondamental qui doit être garanti, sans pour autant qu'il soit fait référence à la question particulière des migrations. De même, un certain nombre d'institutions internationales traiteront de la mobilité des personnes, non pas dans le cadre d'une approche globale des migrations, mais dans celui de leur domaine de compétences. Néanmoins, ces quelques éléments, même s'ils sont épars, constituent un premier pas vers la formation d'un droit international des migrations.

Les politiques migratoires adoptées par les différents États apparaîtront comme les premiers jalons d'un droit qui prend corps, les États étant les producteurs de normes, au niveau national d'abord, au niveau bilatéral et régional, ensuite.

SECTION I. DROIT DE LIBRE CIRCULATION ET MOBILITÉ VU PAR DIFFÉRENTES INSTANCES INTERNATIONALES

La libre circulation des personnes, affirmée par la Déclaration universelle des droits de l'Homme, constitue le droit fondamental sur lequel reposent les migrations. Il a été très tôt l'objet de compromis entre une liberté reconnue aux individus et le pouvoir régalien lié à la souveraineté des États. Différentes institutions internationales ont, chacune dans leur domaine de compétence, mis en évidence les différentes dimensions de ce qui est aujourd'hui appréhendé sous l'angle de la mobilité, laissant apparaître la nécessité d'une approche globale des migrations.

1. Droit de libre circulation et souveraineté des États

Le droit de libre circulation a été reconnu à tous les individus, au nom des droits de l'Homme. Les États, tout en le garantissant, le limiteront au nom de leur souveraineté.

Les aspirations naturelles qu'ont tous les êtres humains à se déplacer librement sont inscrites dans la nature de l'Homme. Aussi loin que l'on puisse remonter dans l'histoire de l'humanité, les groupes humains ont toujours recherché de nouveaux espaces pour y vivre, poussés par la nécessité ou la curiosité. C'est cet attachement naturel à la liberté, que la Déclaration universelle des droits de l'Homme (DUDH), adoptée par les Nations unies le 10 décembre 1948, a voulu traduire.

Cet instrument international, qui est considéré plus comme un texte déclaratif, énonce un certain nombre de principes relatifs aux libertés et aux droits fondamentaux reconnus à toute personne. Le droit de libre circulation y est affirmé à l'article 13 : « Toute personne a le droit de quitter son pays et d'y revenir ».

L'analyse de cette disposition appelle quelques remarques. Tout d'abord, il convient de constater que la liberté de circuler est appréhendée du seul point de vue du pays d'origine. Le ressortissant d'un pays donné peut, quand il le désire, décider de quitter le territoire, sans que les autorités gouvernantes puissent l'en empêcher, comme elles ne peuvent s'opposer à son retour. En revanche, aucun devoir n'est à la charge du pays de destination[1].

L'affirmation du droit de circuler librement, telle qu'elle est présentée, doit être replacée dans son contexte historique. Très tôt, l'idée que les personnes pouvaient se déplacer d'un point donné, le plus souvent le lieu de résidence, vers un autre a été admis ; elle a fait l'objet d'une analyse juridique, dès la fin du Moyen Âge où certains juristes reconnaissaient ce droit à toute personne, pour des convenances personnelles ou pour échapper à de mauvais traitements qu'elle aurait à subir du fait de sa condition personnelle ou de son appartenance à un groupe faisant l'objet de persécutions. Au XVIe siècle, à l'heure où la liberté de commercer était encouragée, il était admis que celle-ci ne pouvait être envisagée qu'en permettant aux marchands de se déplacer librement. Plus tard, c'est le droit de circuler qui a été soutenu et repris par la DUDH qui insiste plus sur le droit d'émigrer[2] ; cette idée prend une importance toute particulière au lendemain de la Seconde Guerre mondiale.

L'adoption de cet instrument juridique intervient à une époque où deux systèmes politiques caractérisés par des idéologies différentes, s'affrontent : les pays occidentaux d'un côté, les pays de l'Est, sous la conduite de l'URSS, d'un autre côté. Les premiers, attachés à la philosophie libérale, prônent le respect des libertés et la reconnaissance de l'individu dont les droits doivent être garantis par l'État. Cette idée est d'autant plus mise en lumière, que le

---

[1] Voir Miaille M., « L'état du droit à la mobilité », *Migration et Société*, 209/1 (n° 121), p. 89-104.

[2] Voir Wihtol de Wenden C., *Le droit d'émigrer*, CNRS éditions, 2013, 57 p.

monde a eu à souffrir de l'expérience nazie, menée par un régime totalitaire.

Les pays de l'Est, quant à eux, défendent un modèle où l'individu doit céder le pas au groupe, ce dernier devant œuvrer pour l'intérêt de tous, d'abord, et de chacun, ensuite. Cette opposition s'est traduite sur le terrain par une séparation du monde en deux zones.

Les pays de l'Est n'ont pas participé à la rédaction de la DUDH, à laquelle ils dénient le caractère universel. Ils n'ont pris aucun engagement relatif à l'ensemble de ses dispositions. De ce fait, la libre circulation des personnes n'a pas été érigée en norme. Au contraire, ils ont eu tendance à limiter drastiquement la sortie de leurs ressortissants hors de leurs frontières. Aujourd'hui encore, un certain nombre de pays soumettent la sortie de leurs ressortissants du territoire national à une autorisation qui est laissée à la discrétion des autorités concernées.

Le droit de quitter son pays et d'y revenir a été, à nouveau affirmé, dans le pacte international relatif aux droits civils et politiques (16 décembre 1966).

Ainsi, le droit de libre circulation reconnu aux individus peut être opposé au pouvoir des États et à leur souveraineté. Si le droit d'émigrer ne semble pas contesté, celui d'immigrer est plus difficile à poser, les États ouvrant et fermant leurs frontières, à leur gré.

Déjà, dans l'Antiquité, il était admis que les cités pouvaient refuser l'entrée aux étrangers lorsque la nécessité le commandait. Les États-Unis d'Amérique avaient, dans un arrêt de la Cour suprême (jugement de 1892), affirmé qu'il appartenait à l'État d'accueillir des étrangers, sur son territoire, selon le pouvoir discrétionnaire qui lui était dévolu au titre de sa souveraineté.

Plus tard, les pays occidentaux ont largement ouvert leurs frontières aux réfugiés, aux travailleurs, aux élites intellectuelles, répondant au désir de liberté qui animait une grande partie de la population mondiale. Les hommes de science et les artistes essentiellement, partaient aux États-Unis, attirés par ce pays, considéré alors, comme le Nouveau Monde. Enfin, les puissances coloniales accueillaient un nombre important de travailleurs originaires de pays encore colonisés. L'arrivée d'étrangers sur leur sol était plutôt bienvenue, voire même encouragée, du fait de leurs besoins en main-d'œuvre. L'Europe, après sa reconstruction au lendemain de la Seconde Guerre mondiale, connaît un essor économique qui concerne également les États-Unis.

L'ensemble de ces éléments permettrait d'expliquer que la relation devant lier le migrant au pays d'accueil n'ait pas été évoquée dans l'article de la DUDH consacrant la liberté de circuler. Il est également possible de rechercher la cause de cette lacune dans la volonté de ces pays de ne prendre aucun engagement international, de nature à limiter leur souveraineté. Ainsi, la générosité de la DUDH, qui reconnaît un certain nombre de libertés aux individus, fait preuve de réalisme en les limitant par l'introduction de l'article 29. Les États pourront restreindre l'exercice de ces libertés, toutes les fois que la sauvegarde de l'ordre public et la préservation de leur sécurité l'exigent.

C'est à travers cette disposition que toute la problématique de la libre circulation est posée : la jouissance du droit de circuler librement, reconnu aux individus, se heurtera, bien souvent, au droit souverain des États d'en évaluer l'étendue. Dans ce cadre, la question du droit de libre circulation est au cœur des enjeux liés aux migrations internationales[1].

Ce droit est reconnu par les États qui l'ont, pour une grande partie d'entre eux, inscrit dans leur constitution comme un droit fondamental. Ils n'en limitent pas moins

---

[1] Voir Costa-Lascoux J., « Politiques migratoires et droits de l'homme », in *Trente ans de libre circulation des travailleurs,* Actes du colloque de Paris du 10 octobre 1997 sous la direction de Bonnechère M., Paris, 1998, p. 179.

sa portée. Le législateur bénéficie d'une marge de manœuvre importante, en recourant aux impératifs d'ordre public ou de sécurité dont le contenu est imprécis, à bien des égards. Ceux-ci peuvent être invoqués lorsqu'il le juge nécessaire, en tenant principalement compte des intérêts politiques ou socio-économiques de son pays.

En revanche, la ratification de la convention relative aux apatrides et celle ayant trait aux réfugiés limitera, dans une certaine mesure, le droit régalien de l'État d'accepter ou de refuser l'accès de son territoire, aux étrangers. Cette limitation est, il convient de le souligner, volontaire puisqu'elle est la conséquence d'un engagement international auquel il a souscrit. Des limites de même nature peuvent également être le résultat d'un accord liant deux ou plusieurs États qui, se fondant sur le principe de réciprocité, instaurent la libre circulation dans l'espace territorial couvert par celui-ci. L'Union européenne a institué le droit de libre circulation en son sein par l'accord Schengen pour ses ressortissants et pour les résidents étrangers légalement installés sur son territoire.

L'affirmation du droit de libre circulation pour toutes les personnes par la DUDH, qui est un instrument juridique international, est d'un apport crucial. Elle donne à ce droit une vocation universelle, même si la notion d'universalité a été contestée, à plusieurs égards[1]. Elle s'inscrit dans un cadre large : elle s'adresse, d'une part, à toute l'humanité, sans discrimination entre les personnes et elle englobe, d'autre part, une diversité de situations, allant des déplacements d'agrément ou d'affaires, à ceux dictés par la contrainte, en passant par les migrations de travail ou

---

[1] Le Roy J., « Les droits de l'homme entre un universalisme hâtif et le ghetto des particularismes culturels », in *Effectivité des droits fondamentaux dans les pays de la communauté francophone*, Colloque international Port Louis - Maurice-, septembre-octobre 1993, AU PELF-UREF, Montréal Québec Canada, 1994, p. 62.

familiales. La portée de ce texte explique son caractère imprécis.

Le pacte international sur les droits civils et politiques[1], reprend à son compte le devoir des États de respecter et de garantir les droits de l'homme, en particulier celui de libre circulation. Cet instrument international n'est pas contraignant, mais il est néanmoins un outil juridique qui permet de préciser le contenu de ce droit et les engagements que les États sont invités à prendre, compte tenu de leurs capacités et de leurs contraintes.

Après les Nations unies, qui ont adopté le texte fondamental sur les Droits de l'Homme, d'autres institutions internationales, adopteront, elles aussi, un certain nombre de recommandations et de conventions qui mettent en lumière le droit de libre circulation, ou du moins s'y référeront, chacune dans son champ de compétence.

2. Droit à la mobilité et multiplicité des intervenants

Durant la première moitié du XXe siècle, différentes instances rappelleront ou utiliseront le principe de libre circulation, alors qu'elles s'intéressent à des questions relevant de leurs prérogatives.

L'Organisation internationale du Travail (OIT) a pour domaine de compétence tous les problèmes relatifs à l'emploi, au travail et aux travailleurs. Dans ce cadre, elle se penche de près sur la situation des migrants et sur les difficultés qu'ils rencontrent dans le monde du travail. Elle leur consacrera l'une de ses conférences internationales (32e session) qui fera l'objet d'un rapport du directeur général. À cette occasion la convention 97 portant sur les travailleurs migrants sera adoptée le 1er juillet 1949 et entrera en vigueur le 22 janvier 1952. Les points relatifs à la circulation des migrants ainsi qu'à leur protection y se-

[1] Résolution de l'Assemblée générale 2200 du 16 décembre 1966.

ront abordés. La convention n° 122 du 17 juin 1964 sur la politique de l'emploi (48e session de la conférence), reprend à son compte l'un des principes posés par la déclaration de Philadelphie : « Tous les êtres humains, quelle que soit leur race, leur croyance, leur sexe, ont le droit de poursuivre leur progrès matériel, leur développement spirituel, dans la liberté, la dignité, dans la sécurité économique et avec des chances égales ».

Si le droit de libre circulation n'est pas clairement évoqué, il est cependant induit. Les personnes en quête d'un travail, ou désireuses d'améliorer leurs conditions de vie, pourront se déplacer pour réaliser leur objectif. On peut interpréter de manière extensive cet extrait, en considérant que ces déplacements pourront s'effectuer au sein du territoire national ou à l'extérieur, par-delà les frontières. Cela sous-entend que ces personnes jouiront, dans ce dernier cas, du droit de libre circulation (qui doit être exercé et garanti au sein même du territoire). Il est à noter que le contenu de cette convention s'inscrit dans la lignée de la DUDH.

Plus récemment, le BIT s'est penché à nouveau, sur la situation des travailleurs migrants. Il souligne que ces derniers devraient avoir le droit d'occuper un emploi, même dans le cas où ils sont en situation irrégulière. La convention 143 sur les migrations dans des conditions abusives et sur la promotion de l'égalité de chances et de traitement des travailleurs migrants (adoptée le 24 juin 1975 et entrée en vigueur le 9 décembre 1978) entérinera ce droit au plan juridique. Ce droit accordé à tous les travailleurs, quelle que soit leur situation se justifie par la nécessité de subvenir à leurs besoins et à ceux de leur famille. Ceci aurait pour avantage de limiter la charge des États où ils sont établis, de minimiser le risque de recourir à des trafics inhérents au travail informel ou autres activités frauduleuses.

Cependant, le rapport du directeur général souligne que ce droit ne peut pas être de nature à remettre en cause la souveraineté des États. Ceux-ci ne mettront en œuvre la convention susmentionnée, qu'en considération de leurs capacités et des contraintes qui pèsent sur eux. Le pouvoir régalien des États est ainsi réaffirmé.

Alors que l'OIT intervient dans le domaine de l'emploi et des travailleurs migrants en particulier, le Haut-Commissariat aux Réfugiés (HCR) prend en charge la question des réfugiés et celle des apatrides, conformément à la convention relative au statut des réfugiés et à celle portant sur le statut des apatrides[1]. Cette catégorie est constituée par des migrants poussés à l'exil par les conflits ou les persécutions dont ils sont victimes. Sont également concernés ceux qui quittent leur pays du fait de l'extrême pauvreté causée par le sous-développement ou le changement climatique.

Les deux conventions font apparaître, d'une part, la nécessité de protéger une population vulnérable et d'autre part la responsabilité qui incombe aux États signataires de la convention de Genève, d'accueillir les demandeurs d'asile.

L'UNESCO apportera, elle aussi, sa contribution à l'étude des migrations, dans le champ de compétences qui est le sien, celui de l'éducation et de la science. Alors que le monde connaît une mutation économique profonde donnant au savoir une place prépondérante, l'UNESCO prône la mobilité des compétences dans le but de promouvoir la science et le progrès à travers le monde. C'est le droit pour tout être humain de rechercher son épanouissement culturel et le droit pour lui, d'accéder à l'information. Par ailleurs, à partir des années 1970, elle mettra en œuvre une politique destinée à l'harmonisation des politiques de formation à l'échelle internationale en vue de favoriser la migration ou la mobilité des compétences. Dans ce cadre, des conventions régionales seront

---

[1] Convention déjà citée.

signées. À titre d'exemple, la convention sur la reconnaissance des études, des diplômes et des grades de l'enseignement supérieur dans les pays arabes, adoptée les 22 décembre 1978.

La CNUCED, quant à elle, avait appréhendé au cours des années 1970 la migration des compétences, sous l'angle du développement. Il suffira de rappeler que cet organe subsidiaire de l'assemblée générale de l'ONU avait mis en évidence le déséquilibre de la relation unissant les PED qui fournissaient, sans contrepartie, une main-d'œuvre hautement qualifiée, aux PI.

L'apport de la CNUCED est d'une importance particulière. Elle met en évidence, pour la première fois, les liens existants entre pays d'accueil et pays d'origine, dans une perception globale de la migration des compétences. Celle-ci génère de la prospérité dans les premiers, qui se traduira dans certains cas, par une paupérisation des seconds. Toutefois, les résolutions adoptées par l'AG des Nations unies[1] ou par le Conseil économique et social[2] n'ont pas eu un grand impact sur le règlement des problèmes soulevés ; elles n'en demeurent pas moins des normes juridiques ayant trait aux migrations.

Enfin l'OMC elle aussi, s'intéressera à la question migratoire sous l'angle de la circulation des hommes d'affaires, des agents commerciaux et autres professionnels du monde économique et social, en particulier du secteur des services[3].

L'ensemble de ces institutions internationales, intervenant dans différents domaines, ont toutes eu à s'intéresser

---

[1] Résolution 32/192 de l'Assemblée générale du 21 décembre 1977, « Aspects du transfert inverse de technologie relatifs au développement ».

[2] Résolution 1904 (LVII) du 1er août 1974 – « Exode du personnel qualifié des pays en voie de développement vers les pays développés ».

[3] Voir l'accord général sur le commerce des services (AGCS).

à une dimension particulière des migrations[1]. Désormais, appréhender le phénomène migratoire dans sa globalité, en s'attachant à en étudier plus précisément les différents aspects, est devenu une nécessité aujourd'hui.

SECTION II. LES ÉTATS, PRODUCTEUR DE NORMES DANS LE DROIT INTERNATIONAL DES MIGRATIONS

Les États, encore aujourd'hui, jouent un rôle essentiel dans la formation du droit international des migrations. Comme cela a été évoqué dans le chapitre précédent, la nouvelle gouvernance renvoie à trois dimensions, locale, régionale et internationale.

Les sources du droit international, au niveau national et régional, sont, d'un point de vue organique, les États. D'un point de vue matériel, les lois et règlements relatifs aux migrants et aux migrations sont les premiers éléments constitutifs d'un droit international des migrations. À ceux-ci s'ajouteront les nombreux accords bilatéraux qui ont également pour objet, différentes questions relatives aux migrations.

1. L'action normative des États et les politiques migratoires

Les pays d'émigration, d'immigration ou de transit ont dans leur majorité, adopté une législation relative à l'entrée et au séjour des étrangers sur leur territoire. Cette question ayant déjà été abordée, il suffira de rappeler ici les différentes politiques mises en œuvre par les pays à l'heure actuelle ainsi que leurs spécificités.

Le paysage migratoire a connu des transformations qui ont conduit l'ensemble des pays à penser ou à redéfinir

[1] Voir *Code du droit international des migrations*, 2008, Chetail, C., Bruylant, Bruxelles, 1743 p.

leur politique en matière de migrations. Certains sont devenus des pays d'émigration alors qu'ils étaient des pays d'immigration et inversement. D'autres, jusqu'ici considérés comme pays de transit, sont actuellement des pays d'immigration.

Une fois de plus, la question de l'équilibre à réaliser entre préserver la sécurité et l'ordre public, au nom de la souveraineté de l'État, d'une part, et le respect du droit de libre circulation, une des libertés publiques affirmées par la DUDH des Nations unies, d'autre part, est posée.

Certains pays d'immigration sont considérés comme tels, parce qu'ils ont traditionnellement ouvert leurs frontières aux travailleurs étrangers et à leur famille, pour répondre d'abord aux besoins de leur économie, pour pallier un déficit démographique ensuite. Il s'agit, essentiellement, des PI. Ces derniers ont, depuis près de quatre décennies, opéré une transformation de leur politique migratoire dans le sens d'une restriction et une sélection des flux[1] (immigration choisie), harmonisant, dans le même temps, leur statut au sein de l'OCDE. La restriction des flux de main-d'œuvre non ou peu qualifiée, a eu pour effet l'accroissement de la migration irrégulière.

Des pays, comme l'Algérie ou le Maroc, sont devenus des pays d'immigration subie, les migrants arrivant sur leur sol, étant le plus souvent illégaux. Dans ce cas, la question de la libre circulation est reléguée au second plan, ces pays faisant valoir, sans ambiguïté, la nécessité d'assurer la sécurité de leur territoire et celle de leurs habitants, dans une région qui connaît des perturbations graves. Ils sont confrontés, en même temps, à la demande pressante de leurs propres ressortissants qui désirent quitter le pays, en recourant, si nécessaire, à l'émigration illégale. Dans ce contexte, le droit de libre circulation devient

[1] Voir Le Bras H., Dumont G-F., *Doit-on contrôler l'immigration*, éditions Prométhée, 2009, 128 p.

un enjeu de taille pour les États dont le premier objectif est de sauvegarder leurs intérêts économiques et sociopolitiques grâce à des législations restrictives. La seconde mission qui leur est dévolue aujourd'hui, est de sécuriser l'espace transnational, en luttant contre les migrations illégales.

Les pays de l'UE, par l'adoption du pacte européen pour l'immigration et l'asile (PEIA), opèrent un contrôle drastique aux frontières européennes. L'accord de Schengen[1] a permis une coopération policière entre les membres de l'UE.

Cet instrument juridique, à vocation régionale, favorise en revanche la libre circulation des ressortissants européens et des étrangers résidant légalement sur le territoire de l'UE.

Par ailleurs, le PEIA propose une politique commune qui tient compte du caractère global des migrations. Il vise trois objectifs :

- encourager l'entrée et le séjour de personnes hautement qualifiées et d'étudiants, considérés comme des compétences potentielles ;
- lutter contre les migrations irrégulières ;
- accueillir les demandeurs d'asile.

Enfin, il faut remarquer que le PEIA est un accord régional non contraignant. Il propose aux États membres de l'UE, un cadre juridique et un certain nombre de règles que ces derniers devront transposer dans leur politique nationale, en fonction de leurs besoins et des contraintes rencontrées.

Dans les pays du Sud, la question migratoire est devenue cruciale. Ces derniers sont, traditionnellement, fournisseurs de main-d'œuvre non qualifiée et quelquefois très

[1] Accord de libre circulation signé le 14 juin 1985 entre la RFA, la France, la Belgique, le Luxembourg et les Pays-Bas.

qualifiée. Bon nombre d'entre eux doivent, à l'heure actuelle, faire face à l'arrivée d'étrangers qui viennent trouver sur leur sol un refuge ou un travail. Les politiques migratoires qu'ils adoptent sont le plus souvent restrictives.

Un rapport de l'Union africaine (2018) a souligné les limites de la liberté de circulation dans le continent, qu'il s'agisse des marchandises ou des personnes.

L'instabilité politique et le bas niveau de leur économie expliquent dans une large mesure, le repli sur eux de ces pays et leur attachement à préserver leur souveraineté. Ils n'ont pu, malgré les mesures rigoureuses de contrôle aux frontières, échapper à la pression migratoire qui s'est intensifiée depuis quelques années. Les migrants irréguliers, les réfugiés et les personnes déplacées sont de plus en plus nombreux. L'accueil de cette population en souffrance est une charge que ces pays ne peuvent pas toujours assumer. L'appui d'institutions internationales telles que le HCR ou les ONG est bien souvent indispensable.

Ces pays, malgré quelques tentatives, n'ont pu harmoniser leurs politiques migratoires, à l'instar des pays européens. Les pays africains, au niveau du NEPAD, ont manifesté leur volonté de limiter l'exode de leurs compétences, mais en vain.

Les diverses législations adoptées par les pays d'émigration ou d'immigration constituent les premiers éléments participant à la formation du droit des migrations internationales. Par le passé, les législations nationales avaient pour objet la situation des étrangers, leur entrée et leur séjour sur le territoire national, relevant du pouvoir discrétionnaire de l'administration. À l'heure actuelle, les législations dans leur ensemble portent plus sur les questions migratoires, incluant le statut des étrangers, mais aussi les questions liées aux réfugiés, aux migrants irréguliers, leur prise en charge, leur retour et leur protection contre le trafic d'êtres humains. C'est une approche globale qui est désormais privilégiée.

Les lois organisant la politique migratoire de chaque pays a, évidemment, des incidences sur le territoire où elle s'applique, mais elle aura aussi une influence sur la régulation des migrations au niveau régional et de manière plus large, au niveau international. Cette fonction normative des États conduira, dans certains cas, à la production de règles destinées à organiser les migrations à l'échelle régionale ou internationale.

Enfin, la question migratoire relevait, auparavant, de la seule souveraineté des États qui régulaient l'entrée et le séjour des étrangers, en tenant compte de leurs seuls besoins. Cette vision classique du droit international rencontre des limites du fait de l'importance que revêtent, actuellement, les migrations qui s'inscrivent dans un espace transnational. Une action commune des États devient une nécessité.

2. L'action normative des États et les accords bilatéraux

Un grand nombre d'accords bilatéraux seront signés entre pays d'accueil et pays de départ ; ils portent sur la régulation des flux des migrants[1]. Certains précisent les conditions de circulation entre les deux pays, sur la base du principe de réciprocité. D'autres visent, essentiellement, la lutte contre les migrations irrégulières. Les pays de départ s'engagent à contrôler la sortie illégale de leurs ressortissants ou d'étrangers en transit. Ils collaborent, également, avec les pays de destination, à la mise en œuvre de programmes de retour ou de réadmission, en ne prenant aucune sanction à l'encontre de leurs ressortis-

---

[1] On citera à titre d'exemple le protocole d'accord du 30 octobre 1997 entre l'Algérie et le Niger et celui signé entre l'Union européenne et le Mali en décembre 2016.

sants rapatriés. En effet si des sanctions étaient prises, les pays d'accueil se verraient dans l'obligation de surseoir à leur décision d'expulsion.

Les pays de destination octroieront une contrepartie financière destinée à couvrir les frais occasionnés par les différentes actions menées par les autorités administratives du pays d'origine (contrôle aux frontières, activités judiciaires, fonctionnement des centres de rétention). Un autre volet de la coopération financière devrait favoriser la stabilisation des populations (amélioration des conditions de vie, programmes de développement, création d'entreprises pourvoyeuses d'emplois).

Chaque accord bilatéral répond aux besoins spécifiques des pays concernés. Deux grandes tendances peuvent, toutefois, être dégagées :

- contrôle en amont des migrations illégales et réadmission de leurs ressortissants après leur refoulement ou leur expulsion ;
- prise en considération des aspects humanitaires et respect des droits de la personne humaine.

Certains accords ont pour objet l'emploi. Ils ont trait, généralement, à l'accueil des travailleurs saisonniers, en particulier dans l'agriculture. Les secteurs du bâtiment, du tourisme ou de la restauration, qui souffrent d'un déficit en main-d'œuvre, sont aussi concernés. Il est à noter que seuls quelques accords bilatéraux ont trait aux questions de main d'œuvre. Malgré leur nombre limité, leur existence permet, néanmoins, d'envisager qu'à l'avenir les négociations en la matière soient plus fructueuses pour répondre aux différentes tensions créées par des intérêts antagoniques opposant les États entre eux, PI d'accueil, PED d'origine.

Si peu d'accords portent sur l'emploi, d'autres néanmoins seront signés entre les États dans le cadre de la coopération culturelle et du codéveloppement ; ils ont pour but de resserrer les liens entre les différentes parties concernées, favorisant en dernier ressort une action commune pour lutter contre les migrations irrégulières.

L'Espagne a, par exemple, signé des accords avec six pays tiers (Bulgarie, Colombie, Équateur, Maroc, République dominicaine et Roumanie) d'où proviennent traditionnellement des flux d'immigration clandestine. Ces accords ont permis de renforcer la coopération et la lutte contre l'immigration clandestine[1].

La multiplication des accords bilatéraux laisse à penser que l'on s'achemine, peu à peu, vers une nouvelle gouvernance des migrations en se référant à deux normes :

- la légalité qui sous-tend que les migrations doivent s'inscrire dans un cadre légal et que les migrations irrégulières doivent être combattues ;
- le respect des droits de la personne, qui s'applique à la protection des demandeurs d'asile et à la lutte contre le trafic d'êtres humains.

Il convient de noter que l'opposition PED et PI, ne paraît plus opportune. On s'attachera plus à distinguer entre pays de départ et ceux de destination. Il ne s'agit plus d'opposer les premiers aux seconds, car ils peuvent être à la fois pays d'émigration et d'immigration. Cette approche se veut consensuelle et non plus antagonique. Ceci ne signifie pas que pays d'émigration et d'immigration ne s'opposent pas, du fait d'intérêts divergents ; il s'agit, pour les différentes parties, de rechercher des points de convergence susceptibles de servir de base pour des accords à venir.

---

[1] Synthèse de la Communication de la Commission au Conseil, au Parlement européen, au Comité économique et social européen et au Comité des régions, du 4 juin 2004, intitulée « Étude des liens entre immigration légale et immigration clandestine » [COM(2004) 412 final - Non publiée au Journal officiel]. http://europa.eu/legislation_summaries/justice_freedom_security/free_movement_of_persons_asylum_immigration/l33191c_fr.htm

Les différentes rencontres euro-méditerranéennes, ou celles qui ont lieu entre l'UE et l'UA[1] (Union africaine) sont autant de manifestations de la volonté de promouvoir le dialogue dans l'espace régional, pouvant aboutir à la signature d'accords bilatéraux.

L'accroissement de leur nombre permettrait d'en tirer certaines conclusions. Il est possible ainsi de considérer que l'on assiste à la consolidation du droit international classique qui voit son cadre normatif s'élargir au domaine des migrations, laissées jusque-là aux seules forces du marché. À l'heure actuelle, l'intervention des États dans ce domaine confirme leur compétence et leur pouvoir régalien en la matière. Pourtant, cette idée mérite d'être tempérée, car force est de constater que les États ne sont pas les seuls maîtres de décision. D'autres acteurs semblent vouloir participer à la prise de décision politique et influer, dans une certaine mesure, sur les orientations à prendre quant à la gestion des flux migratoires et à la protection des migrants. Ces derniers font entendre leurs voix au sein d'ONG où ils sont regroupés et qui peuvent aussi avoir des objectifs plus larges : la défense des droits de l'homme (défense des droits des travailleurs migrants, défense des sans-papiers et de leurs familles, etc.).

[1] Ces différentes rencontres ont déjà été évoquées dans le chapitre précédent.

CHAPITRE II

Les migrations internationales : droit international ou droit mondial

Les migrations internationales ont été longtemps exclues du champ d'investigation du droit international, exceptées quelques questions relevant de la compétence de certaines institutions internationales, on l'a vu plus haut, comme le HCR ou encore l'OIT. Depuis, le début du troisième millénaire, différentes instances se sont attachées à investir ce domaine, en se penchant directement sur les problèmes liés au phénomène migratoire, tels le trafic des migrants ou les droits fondamentaux des migrants et de leurs familles. Malgré l'avancée enregistrée dans ce domaine, les limites du droit international classique ont été constatées.

La nécessité d'adopter une démarche plus globale, de nature à rendre compte du caractère mondial des migrations, s'est manifestée à travers plusieurs initiatives, venant du secrétaire général des Nations unies Kofi Anan, d'institutions internationales, d'organisations intergouvernementales, comme l'OIM qui a joué un rôle de premier plan, en la matière. La contribution des ONG n'a pas été, elle non plus, négligeable.

Cette première étape a conduit à l'élaboration du pacte de Marrakech qui, pour la première fois, aborde l'ensemble des aspects des migrations, dans un seul instrument juridique. Si l'adoption du pacte sur les migrations internationales n'a pas été sans soulever des débats passionnés, il constitue, cependant, un premier pas essentiel pour mettre en place un cadre juridique où devront être énoncées les politiques des États parties. Celles-ci devront relever les défis que soulèvent les migrations internationales pour le troisième millénaire. L'approche de ce phénomène, en plus d'être globale, a le mérite d'être multiacteurs, laissant à penser, comme une partie de la doctrine, que l'on se trouve, face à l'émergence d'un droit d'un type nouveau, de dimension, non plus internationale, mais mondiale.

SECTION I. LE DROIT INTERNATIONAL ET LES MIGRATIONS

Les migrations internationales, à partir de l'an 2000, feront l'objet de deux accords, qui traiteront directement de problèmes liés aux migrations et en particulier aux migrants. Ces textes, au contraire de ceux évoqués dans le chapitre premier, ne sont pas à l'initiative d'institutions spécialisées, mais de celle de tous les membres des Nations unies, montrant ainsi l'importance du phénomène migratoire.

Cependant, malgré les progrès réalisés dans la prise en charge de cette question qui touche l'ensemble des États et des régions, il est apparu qu'une nouvelle approche plus globale était plus opportune. Cette prise de conscience du caractère mondial des migrations a également mis en lumière les limites du droit international classique.

1. Les instruments internationaux et les migrations internationales

Le droit international actuel repose sur la souveraineté des États indépendants qui sont liés entre eux par des traités, donnant ainsi vie à une vie internationale. Cet ordre a été instauré par le traité de Westphalie (1815) qui marque l'avènement de l'État moderne. Les relations entre les États se manifestent à travers la signature de conventions ou d'accords internationaux dans différents domaines – politique, économique et socio-culturel. Ils peuvent s'inscrire dans un cadre bilatéral, régional ou international, voire mondial.

Les accords sont le résultat de négociations entre différents États, autour de questions présentant un intérêt commun. Les conventions internationales ont, également, pour objet des problèmes intéressant un groupe d'États ou l'ensemble de la communauté internationale. Il s'agit, le plus souvent, d'accords multilatéraux. Elles sont le fruit d'une démarche adoptée par une institution internationale qui soumet cet instrument juridique à la signature et à la ratification des États.

Les migrations internationales n'ont pas fait l'objet de convention internationale. Ceci peut s'expliquer par la complexité du problème qui, cela a déjà été dit, est difficile à cerner dans toute sa diversité. En revanche, certains aspects seront abordés par deux instruments internationaux :

- le protocole additif à la convention de Palerme, relatif au trafic illicite de migrants par terre, air et mer.
- la convention sur les droits de tous les travailleurs migrants et de leurs familles.
- protocole sur le trafic des migrants et la convention de Palerme
- la convention de Palerme portant sur le crime transnational organisé est adoptée par l'Assemblée géné-

rale des Nations unies, dans sa résolution 55/25 du 15 novembre 2000 ; elle est entrée en vigueur le 29 septembre 2000. Cette convention s'intéresse à diverses questions liées à la criminalité nationale, transnationale et à la criminalité organisée. Cette convention propose aux États signataires un certain nombre d'éléments qui permettent de définir leur champ de compétences et le cadre de la coopération intergouvernementale en matière pénale. Elle apporte, de plus, des précisions sur les questions juridictionnelles, ainsi que sur les droits des victimes. Trois problèmes retiendront une attention particulière et donneront lieu à l'adoption de protocoles facultatifs. Parmi eux, celui relatif au trafic illicite de migrants, par terre, air et mer.

Celui-ci est adopté par l'Assemblée générale des Nations unies, résolution 55/25, il est entré en vigueur, le 28 janvier 2004. Ce protocole s'intéresse au problème du trafic des migrants qui prend une importance croissante. Des groupes organisés s'adonnent à l'exploitation des migrants qui sont victimes d'extorsion de fonds et d'autres traitements violents et infamants (ce point a déjà été évoqué dans une partie précédente). Une définition consensuelle du trafic de migrants a pu être proposée. Celle-ci prend une certaine valeur, car elle est consignée dans un instrument juridique. Le protocole a pour objectif la prévention et la lutte contre le trafic de migrants en tout genre. En effet cette activité mafieuse se caractérise par la diversité des modes de transport utilisés pour assurer le passage des migrants au-delà des frontières, que ce soit par les voies terrestre, maritime ou aérienne. Il prévoit de promouvoir la coopération entre les États parties, d'une part, et de protéger les victimes contre toute forme d'exploitation, d'autre part.

Il faut noter, enfin, que le protocole est facultatif. Les États qui veulent le signer devront, au préalable, être parties à la convention de Palerme.

La convention internationale sur les droits de tous les travailleurs migrants et de leur famille : la seconde convention, proposée à la signature et à la ratification des États, est relative aux droits de tous les travailleurs migrants et de leurs familles. Elle est adoptée en 1990. La force de ces conventions, il faut le rappeler, renvoie aux engagements pris par les États de respecter les différentes dispositions qu'elles contiennent. Ce sont donc les États qui, encore une fois, sont à l'origine de la norme juridique et garantissent son existence. En effet la convention internationale n'entrera en vigueur qu'une fois le nombre d'États signataires requis par ladite convention atteint. Par ailleurs, l'efficacité de la convention s'appréciera en fonction du nombre des pays signataires.

Elle constitue l'un des sept instruments juridiques consacrés aux droits de l'homme, qui reprennent l'ensemble des droits fondamentaux reconnus à certaines catégories spécifiques de la population, comme les femmes, les enfants. Elle rappelle les droits reconnus à toute personne, droit à l'éducation, droit à un travail, à des conditions justes et équitables, etc. Elle établit les différents standards juridiques qui ont vocation à s'appliquer dans tous les pays, à travers le monde.

Par ailleurs, elle met en évidence la vulnérabilité potentielle des migrants et la nécessité, pour les États, de les protéger en leur facilitant du mieux possible l'accès à leurs droits fondamentaux.

Il faut remarquer que cette convention protège aussi bien les travailleurs migrants en situation régulière que ceux qui sont dans l'illégalité. L'introduction d'une telle disposition a été au cœur d'une confrontation entre différents groupes de pays, entre pays d'immigration et pays d'émigration, notamment. Les rédacteurs de la convention n'avaient pas pour objectif, évidemment, d'approfondir les points de divergences entre ces deux groupes de pays, qui étaient apparues déjà lors de l'adoption de la convention n° 97 sur les travailleurs migrants adoptée par le BIT en 1949. Ils devaient mettre en avant le principe d'égalité, essentiel, dans la philosophie de l'OIT. Ainsi, tous les travailleurs, y compris les migrants devaient, quelle que soit leur condition, avoir accès aux mêmes droits.

La convention sur les droits de tous les travailleurs migrants et leurs familles, si elle est entrée en vigueur – car elle a rassemblé le nombre voulu d'états signataires – montre, néanmoins, quelques faiblesses : les pays parties ne sont qu'au nombre de 37. Ceux-ci sont, majoritairement, des PED qui, on le sait, sont, pour une grande partie d'entre eux, des pays de départ. En revanche, peu de PI qui sont le plus souvent, des pays d'accueil, sont parties à cet instrument juridique. Ceci a pour effet d'en réduire la portée.

Les migrations internationales, au-delà de ces deux conventions, continuent de focaliser l'attention des instances internationales qui décident d'élargir leur angle d'approche pour répondre aux multiples problèmes que soulève un problème mondial.

2. Vers une approche mondiale des migrations internationales

Le rôle des États est indéniable dans la formation du droit international des migrations. Pourtant, celui-ci n'est pas à la mesure du défi qu'ils doivent relever, au XXIe siècle.

L'importance que prennent les migrations internationales impose qu'une nouvelle démarche soit adoptée ; celle-ci devra appréhender ce phénomène dans sa globalité, comme un problème à part entière, et s'attarder, dans le même temps, sur les aspects particuliers qui le nécessitent.

L'approche des migrations est aujourd'hui devenue mondiale.

La création de différentes instances, visant à prendre en charge les questions migratoires, dans leur globalité, en est une première manifestation, l'avènement de l'OIM (Organisation Internationale des Migrations) en est une seconde ensuite.

Les différentes instances internationales chargées des questions migratoires

On citera, parmi elles, le Groupe Mondial sur la Migration (groupe de Genève sur les migrations). C'est un organe interinstitutionnel dont la mission est d'encourager l'application des instruments internationaux et régionaux, relatifs aux migrations. Sont ainsi concernés, entre autres, l'OIT, la CNUCED, Le PNUD, le Haut Commissariat aux droits de l'Homme.

Il est intéressant, à ce niveau, de constater la prise de conscience des opportunités qu'offre une coordination des actions menées par diverses institutions internationales, dans le domaine des migrations. Celles-ci englobent différents aspects, allant des mouvements de personnes et les aspects particuliers qu'ils revêtent, aux diverses situations des migrants et le respect des droits qui leur sont attachés[1].

Il convient, par ailleurs, d'évoquer la commission mondiale sur les migrations internationales qui a été installée en 2003, à l'initiative d'un groupe d'États concernés par le phénomène migratoire. Ils étaient au nombre de 32 en 2005) ; elle a été encouragée par le Secrétaire général des Nations unies, Mr Kofi Anan. Organe autonome, cette commission a pour mandat de fournir un cadre pour la formulation d'une réponse cohérente, globale et complète aux problèmes des migrations internationales. Elle re-

[1] Voir www.un.org, Système des Nations unies.

groupe en son sein, des personnalités de différents pays, ayant une expertise de haut niveau. Pour atteindre ses objectifs, la commission et son secrétariat se sont réunis régulièrement, établissant des contacts avec des partenaires nombreux et divers (responsables gouvernementaux et non gouvernementaux, organisations internationales, syndicats, associations de migrants…) aux niveaux, local, régional et international. Son activité s'est concrétisée par l'élaboration d'un rapport comprenant ses recommandations qui a été remis aux États membres de l'ONU en 2005[1].

Enfin, le Forum mondial sur la Migration et le Développement (FMMD) est mis en place en 2006, lors du Dialogue de haut Niveau (DHN) sur les migrations internationales et le développement qui s'est déroulé, les 14 et 15 septembre 2006, dans le cadre de l'Assemblée générale des Nations unies. Il permettra de mettre en lumière la nécessité de prendre toute la mesure des liens existant entre migration et développement. Les migrations sont à la fois une conséquence du sous-développement et une source de développement. Il favorisera, par ailleurs, la mise au point de politiques efficaces de nature à promouvoir une gouvernance mondiale du phénomène migratoire.

L'ensemble de ces initiatives montrent clairement qu'il est nécessaire d'aborder tous les volets que recouvrent les migrations internationales, car ils ont des liens entre eux. Cette démarche a le mérite de sérier les questions auxquelles il faut s'intéresser pour pouvoir construire une stratégie visant la prise en charge des problèmes qui se posent à l'ensemble de la communauté internationale. Les différents intervenants y apporteraient leur contribution.

---

[1] « Les migrations dans un monde interconnecté : nouvelles perspectives d'action », Rapport de la commission mondiale sur les migrations internationales, octobre 2005, www.gcim.org/fr/

Une autre manifestation de la volonté d'appréhender les migrations internationales dans une perspective mondiale se traduit par la création de l'OIM (Organisation Internationale des Migrations).

L'OIM et ses spécificités

C'est une organisation intergouvernementale chargée de trouver des solutions appropriées aux questions migratoires en tenant compte des intérêts de tous les protagonistes. Au-delà de la dimension globale que requiert une approche mondiale des migrations internationales, il est important d'en souligner un autre aspect, le caractère multi-acteurs.

Pour la première fois, une instance internationale est chargée de connaître de toutes les questions relatives aux migrations internationales. L'OIM est l'une des principales, sinon la principale OIG (Organisation Intergouvernementale) qui multiplie les actions et qui déploie des efforts considérables, pour tenter d'apporter une réponse globale à un problème mondial. L'OIM est l'aboutissement d'un long processus. À l'origine, elle était un organe régional chargé des migrations au niveau européen, le comité intergouvernemental des migrations européen, créé en 1951, au lendemain de la Seconde Guerre mondiale. Sa mission était, pour l'essentiel, de rapatrier un certain nombre de personnes déplacées ou réfugiées (notamment les juifs) dans leur pays d'origine, européennes le plus souvent. Il prend, au fil des années, une dimension internationale et devient le CIM (Comité intergouvernemental pour les Migrations). Il verra, peu à peu, s'élargir son champ de compétence et prendra la stature d'une organisation internationale, l'OIM. Elle se présente comme un acteur incontournable des migrations internationales, de par le nombre d'États, mais aussi de par la diversité des membres qui la composent.

De plus, l'OIM, il convient de le souligner, n'est pas une organisation internationale, à l'image de l'UNESCO créée au lendemain de la Seconde Guerre mondiale ou de celle de l'OIT dont la création remonte à 1919 et qui poursuit ses activités, encore aujourd'hui. Elle diffère également des organisations internationales qui sont apparues plus récemment, c'est-à-dire à la fin du XXe siècle, comme cela a été le cas pour l'OMC (1995).

L'OIM est une organisation intergouvernementale (OIG) qui est un groupement de pays. Ces derniers décident de se rassembler pour trouver des solutions à des problèmes qui les concernent directement ou qui touchent l'ensemble de la planète. On citera l'exemple du G8 composé des principales puissances du monde ; leur objectif est de prendre en charge les questions qui ont trait à la stabilité économique mondiale, de trouver des réponses, en usant de leur pouvoir ou de leur influence. Les BRIC's, pour leur part, forment une OIG qui a une vocation plus restreinte. Elle compte parmi ses membres, les principaux pays émergents qui, du fait de leur situation économique, sont des acteurs incontournables de l'économie mondiale. Enfin, la CNUCED comptait, en son sein, une OIG regroupant les PED d'Afrique et d'Asie, sous la dénomination, groupe des « 77 ». Elle a joué un rôle de premier plan, dans les négociations entre PED et PI pour l'instauration d'un NOEI.

L'OIM rassemble de nombreux membres venus d'horizons divers. Elle compte, à l'heure actuelle, 132 États et 97 observateurs (17 États et 80 organisations internationales et ONG d'envergure mondiale ou régionale). Ses projets sont nombreux et concernent 423 régions à travers le monde.

Sa dimension mondiale se manifeste par sa présence dans presque toutes les parties du monde, mais elle se caractérise aussi par la diversité de ses membres. Les États, pays d'émigration, et d'immigration ou de transit, ne sont pas les seuls représentés. Sont également présentes, les institutions internationales. D'autres OIG, des ONG représentant différents acteurs de la société civile mondiale participent aux activités de l'OIM.

Cette OIG, si elle occupe une place de choix dans le domaine des migrations internationales, n'est pas cependant habilitée à produire des normes juridiques au même titre que les institutions internationales (comme l'Assemblée générale des Nations unies, par exemple). Sa mission se cantonne à créer un espace de concertation et de dialogue entre les différents protagonistes du phénomène migratoire. Elle est une organisation dont les compétences sont avérées et, à ce titre, propose son expertise, ses conseils aux différents acteurs qui en font la demande, que ce soient les États ou les ONG. De plus, elle contribue à une meilleure connaissance des différents aspects des migrations, de la situation des migrants, des personnes déplacées et autres réfugiés, les problèmes auxquels est confrontée cette population, en mettant en exergue la vulnérabilité plus grande d'une partie d'entre elles, notamment les femmes et les enfants. Enfin, elle est une force de proposition pour la production de normes susceptibles d'être acceptées et entérinées par les États.

L'ouvrage relatif au droit international des migrations est l'une des illustrations du travail réalisé ; ce manuel, financé par ses soins, propose une étude détaillée des différents aspects que recouvrent les migrations internationales et les problèmes qu'elles soulèvent. Cette contribution d'économistes, de sociologues, de juristes, de chercheurs et d'experts a permis de montrer la formation d'un droit international des migrations qui, il faut le dire, n'en est qu'à ses débuts. Elle souligne, par ailleurs, toutes les questions auxquelles il faudra répondre, à l'avenir, pour réguler ou réglementer, selon les cas, les flux des migrants. Elle ouvre, par là même, des champs d'investigations, dans le cadre d'une recherche transdisciplinaire.

Le droit international classique ne permet qu'une vision limitée des migrations internationales, une approche globale et multi-acteurs semble plus opportune. Celle-ci commence à s'imposer avec l'adoption du pacte de Marrakech qui apparaît comme le premier instrument juridique répondant aux objectifs poursuivis[1].

SECTION II. PACTE SUR LES MIGRATIONS ET LE DROIT INTERNATIONAL/DROIT MONDIAL

Vingt ans après la convention sur les droits de tous les travailleurs migrants et de leurs familles, après la convention de Palerme et le protocole sur le trafic illicite des migrants, un nouvel instrument juridique est soumis au vote des États dans le cadre des Nations unies. Ce texte, malgré des débats passionnés, a été approuvé par une majorité de pays. Pour la première fois, un accord sur les migrations, phénomène appréhendé dans sa globalité, a été discuté et adopté par la communauté internationale.

L'idée que l'on s'achemine vers un droit mondial des migrations est de plus en plus confortée.

1. Le pacte sur les migrations, un texte non contraignant

Le pacte sur les migrations internationales est un accord multilatéral, c'est un instrument juridique non contraignant qui a pour but de promouvoir des migrations sûres, ordonnées et régulières.

Il a été proposé à la signature des États par l'Assemblée générale des Nations unies. Après de nombreuses discussions, il a été approuvé par 152 États et l'UE, le 19 décembre 2018 à Marrakech (Maroc). Il avait été adopté en

---

[1] http://www.iom.int/jahia/jsp/index.jsp

juillet 2018 par 192 pays, puis il avait fait l'objet de défections de 15 d'entre eux, cinq pays s'étaient retirés, d'autres ont gelé leur décision. Ce texte a été finalement entériné au Maroc, le 19 décembre par 165 membres des Nations unies. Il devra être ratifié à New York, comme tous les instruments qui l'ont été en dehors du siège des Nations unies.

L'adoption du pacte est considérée comme un succès, car il est la manifestation de la volonté de la communauté internationale de continuer à adhérer aux accords multilatéraux, au moment où les États-Unis s'attellent à remettre en cause ce type d'accord, lui préférant le cadre bilatéral. Par ailleurs, l'ensemble des pays, excepté ceux qui ont exprimé leur refus d'y adhérer (la Hongrie, l'Autriche, la Pologne) et qui s'alignent sur la position défendue par les États-Unis, entend lutter fermement contre l'exploitation des migrants en défendant leurs droits.

Le pacte propose une vision commune des migrations : celles-ci doivent s'inscrire dans un cadre régulier et légal. Il tente de rassembler, dans cette optique, les pays de destination, de départ et de transit. Il préconise, en outre, que les États prennent des mesures pour faciliter le retour des migrants, leur réadmission, leur réintégration, dans leur pays d'origine.

Le pacte recense une série de principes, dont deux méritent d'être retenus, ici.

Le premier affirme le respect de la souveraineté des États. En plus de l'énoncer clairement, le pacte est un instrument international non contraignant, c'est-à-dire que les États bénéficient d'une marge de manœuvre pour l'application des dispositions qu'il contient. Le pacte apparaît, alors, plus comme un code de conduite auquel adhèrent les États parties.

Cette souplesse dans la forme de cet instrument juridique a été choisie dans le but d'aplanir les réticences de pays qui craignent de voir leur pouvoir de décision limité, alors que la question migratoire continue d'agiter leur opinion publique. La Belgique a dû faire face à une grave crise politique, après que le Premier ministre Mr xx a approuvé et signé le pacte. Certains États, directement confrontés à l'arrivée massive de migrants, préfèrent disposer d'une certaine liberté nécessaire pour tout ajustement de leur politique d'immigration.

Les débats passionnés auxquels a donné lieu le pacte, avant son adoption, montrent assez le caractère sensible de la question des migrations. Les pays qui s'étaient élevés contre la teneur de ce texte considéraient qu'il constituait un appel à promouvoir les flux de migrants.

L'ONU, à cet égard, a rappelé que le nombre de migrants et de personnes déplacées dans le monde était estimé à environ 258 millions, soit 3,4 % de la population mondiale. Plus de 80 % des migrations entre les pays étaient régulières tandis que plus de 6 000 migrants clandestins avaient péri au cours de leur déplacement.

Les migrations font et feront partie du paysage socio-économique mondial pour les années à venir, aussi est-il plus opportun d'en réguler les flux en privilégiant des politiques d'immigration moins restrictives, d'autant plus que les projections à l'horizon 2050 prévoient un déficit démographique et un manque de main-d'œuvre dans les principaux pays d'accueil. Elle avait recommandé, alors, la mise en œuvre, par les États, de politiques de remplacement en tirant le meilleur parti des migrations qui offrent des opportunités économiques, sociales et culturelles, propices à l'enrichissement et au progrès.

Pour l'Allemagne, qui rejoint l'idée avancée par le Secrétaire général des Nations unies, les migrations sont un phénomène bénéfique pour l'ensemble de la communauté internationale et a appelé à se départir d'une ligne politique restrictive, rappelant le caractère non contraignant du pacte.

Le second principe affirmé par le pacte sur les migrations est la défense des droits de l'Homme et la protection des migrants et de leurs familles. Il souligne la nécessité d'assurer une intégration la meilleure possible de ces derniers. Elle devra tenir compte des principaux éléments culturels représentatifs de leur identité.

La lutte contre toute forme de discrimination, ou la xénophobie devra être menée, en particulier, par la mise au point de programme de sensibilisation. Le rôle des médias, en la matière, devra être contrôlé, et toute campagne visant à dévaloriser l'image du migrant ou à l'exclure (discours raciste ou xénophobe) devra faire l'objet de sanctions.

Une attention particulière est accordée aux enfants qui devront bénéficier de mesures favorisant leur accès aux services sociaux tels que l'éducation et la santé.

Le pacte insiste sur la protection des droits fondamentaux. Ainsi, les migrants doivent, le cas échéant, être protégés contre toutes les formes d'exploitation dont ils pourraient faire l'objet. En outre, ils ne peuvent être emprisonnés sans avoir été jugés au préalable, toute détention arbitraire étant interdite. Les arrestations ne doivent intervenir qu'en dernier recours.

Enfin, le pacte présente une série de mesures relatives à l'adoption de politiques favorisant la coopération dans divers domaines tels que l'échange d'informations et d'expertise.

Les États, dans ce cadre, s'attacheront à identifier les problèmes structurels qui sont à l'origine des flux migratoires. Il recommande, de plus, qu'une harmonisation des diplômes, au niveau international afin de faciliter la mobilité des compétences.

Cette brève présentation du pacte de Marrakech permet d'en apprécier la portée. Il convient de souligner le caractère consensuel que celui-ci revêt. Les États, qu'ils soient pays d'origine, ou de destination et/ou de transit sont concernés et leurs intérêts sont pris en considération. L'idée que tous doivent contribuer à la concrétisation d'un objectif commun, à savoir la régulation des migrations dans un cadre régulier et sûr est un progrès certain.

L'affirmation de la souveraineté des États, d'une part, la nécessité de protéger les droits fondamentaux des migrants, d'autre part, sont les deux axes essentiels sur lesquels repose la mise en place d'un cadre juridique marqué par la recherche du consensus des différents protagonistes (États et représentants des migrants.)

Cet instrument a réussi à aborder les différents volets que recouvrent les migrations internationales :

- D'abord, la gestion des flux migratoires est évoquée en faisant allusion aux causes profondes qui en seraient l'origine. Des politiques devront être envisagées pour en réduire les effets, tandis que d'autres devront tendre à favoriser le retour des migrants dans leur pays d'origine. L'ensemble de ces actions s'inscriront dans le cadre d'une coopération internationale.
- Les relations entre les États et les migrants y sont, ensuite, abordées. Les premiers sont souverains et continuent de jouir de leur pouvoir régalien pour l'adoption de leur politique migratoire, les seconds voient leurs droits fondamentaux respectés et devant être garantis par la loi.
- Enfin, le caractère non contraignant de ce texte traduit la volonté de mettre en place une nouvelle forme de gouvernance visant la régulation plutôt qu'une réglementation des migrations internationales qui s'accommoderait mal, il faut le rappeler, d'un cadre trop rigide.

La prise en compte, dans le même temps, des intérêts des États et de ceux des migrants, consacre l'idée que les migrants sont considérés comme des sujets du droit international.

L'ensemble de ces éléments permet de s'interroger sur la formation d'un droit des migrations et de son caractère particulier. En effet, il est opportun de se demander si celui-ci relève du droit international classique ou s'il ne tend pas à prendre une forme nouvelle, celle d'un droit mondial.

2. Vers un droit international ou un droit mondial des migrations

Les migrations internationales n'ont fait, jusqu'ici, l'objet de régulation que par les politiques menées par les États, pays d'origine ou pays d'accueil. Peu à peu, il semble qu'un nouveau cadre juridique, dépassant l'espace national, soit nécessaire pour rendre compte de la complexité de ce phénomène, ayant pris une dimension mondiale. Celui-ci met en jeu non seulement les États, mais aussi les institutions internationales, les OIG et les ONG. Une évolution sensible verra le droit classique s'appliquant aux migrations, prendre, peu à peu, la forme d'un droit mondial. Cependant, cette dernière idée a été contestée.

Les migrations internationales sont, assurément, un nouveau champ d'investigation pour les juristes. L'intérêt croissant que suscite cette question au niveau mondial, les différents problèmes qu'elle pose entraînent une intervention d'acteurs de plus en plus nombreux, en particulier les institutions internationales d'abord, les représentants de la société civile, que ce soit à l'échelle locale ou internationale, ensuite.

La nécessité d'appréhender le phénomène migratoire selon une approche transversale s'est imposée, peu à peu. Celle-ci, combinée à une vision globale qui tient compte de différents niveaux, national, régional et international, donne la pleine mesure de l'importance des enjeux et des stratégies à mettre en œuvre.

L'approche du phénomène migratoire par le droit international classique souffre aujourd'hui, de quelques limites. Celui-ci envisage cette question sous un seul angle, le droit pour les individus de circuler librement et plus précisément d'émigrer. Or, avec la mondialisation, l'enjeu n'est plus simplement la libre circulation, mais la mobilité des individus qui recouvre une réalité plus complexe.

Dans ce contexte, au droit d'émigrer dont tout individu peut jouir, correspond le droit d'immigrer, droit qui se heurte, à l'heure actuelle, au pouvoir régalien de l'État d'accueil. Or ce dernier a souscrit des engagements au niveau international, en particulier en matière de droits de l'Homme, engagements qui limitent d'un côté ses prérogatives, et qui ouvrent, d'un autre côté, un champ d'action aux personnes, pour l'exercice de leurs droits.

Les pays d'accueil devront prendre en considération ce dernier élément et favoriser la mobilité des migrants. Des politiques migratoires trop rigoureuses poussent les migrants à les contourner, à recourir à la migration irrégulière et à s'adresser en dernier recours, aux réseaux de passeurs. Or, ceux-ci sont condamnés par les pays d'accueil eux-mêmes, qui investissent des moyens humains et financiers considérables pour mettre fin à ces activités mafieuses. De même, les rétentions abusives dans des centres administratifs, les emprisonnements qui sanctionnent le départ illégal du territoire national ou l'entrée irrégulière sur le sol du pays hôte, sont des atteintes aux droits de la personne humaine qui sont garantis par la DUDH et par d'autres instruments internationaux.

Par ailleurs, les questions environnementales qui ont une dimension mondiale, ont des impacts dans différentes régions et requièrent une action de tous les États. Elles mettent en jeu également divers acteurs, institutions internationales, OIG, ONG qui participent à la recherche de solutions pour toute la planète et pour les populations qui en subissent les premières, les incidences négatives.

La mobilité internationale n'a plus une seule cause, ne concerne plus une seule catégorie de population. Les États ne sont plus les seuls à offrir une solution à la migration. Désormais, les migrants sont des individus conscients de leurs droits, soit qu'ils en aient déjà eu connaissance, soit qu'ils aient été pris en charge par des ONG dont l'objectif est la protection de ces personnes vulnérables.

Aujourd'hui, le droit international classique vit une mutation profonde : les États qui en étaient les seuls sujets, sont rejoints par les individus. Ces derniers, jusqu'à une date récente, étaient régis par les États qui les assujettissaient à leurs lois. Cette irruption des individus dans la sphère du droit international a conduit certains juristes à considérer qu'il serait plus opportun de parler d'un droit mondial.

Cette idée novatrice a déjà reçu l'adhésion de certains auteurs qui, se fondant sur les nouveaux développements constatés dans la vie internationale, ont fait remarquer que la faculté offerte à des personnes physiques ou morales de saisir directement des instances internationales milite en faveur de la reconnaissance de l'émergence d'un droit mondial. Ainsi, le droit des victimes de crimes de guerre, de crimes contre l'humanité, de saisir la CPI (cour pénale internationale)[1] pour que soient sanctionnées les exactions dont elles ont fait l'objet et en punir les auteurs est un premier élément tangible de la présence d'un droit mondial en construction. Il est possible d'évoquer également la soumission des entreprises aux règles édictées par l'OMC (Organisation mondiale du Commerce.)

Le droit des migrations semble subir les influences d'un mouvement prônant la prééminence d'un droit mondial. Celui-ci, tout en reconnaissant le rôle des États et des ins-

---

[1] Juridiction pénale internationale permanente à vocation universelle créée par le statut de Rome, traité international, qui est entré en vigueur en 2002 après sa ratification par 60 États.

titutions internationales, préconise la prise en compte d'autres acteurs susceptibles de participer à la création de normes ayant vocation à s'imposer à l'ensemble des États. Ces derniers continuent à jouer un rôle de premier plan dans la production de règles juridiques. Cependant, leur intervention devra évoluer : ils devront faire preuve d'anticipation et promouvoir une coordination avec d'autres instances pour la formation d'instruments juridiques supra nationaux, répondant au souci d'efficacité et d'équité.

La construction de ces normes doit être le résultat de la prise en compte des différents intérêts en présence, notamment ceux de la société civile dans toute sa diversité.

Les ONG, dans ce contexte, apparaissent comme une véritable force de pression et de contre-pouvoir, susceptible de participer à la formation d'outils visant la régulation mondiale des migrations.

Le droit mondial des migrations serait alors une combinaison de règles du droit international classique, émanant des États au niveau national ou d'institutions régionales et internationales, d'une part, de normes relevant de la « soft Law » ou droit mou, d'autre part. Celles-ci seraient produites par les différents acteurs de la société civile, ONG, entreprises, experts, universitaires, etc. Ainsi, les « think tanks » seront amenés à jouer un rôle appréciable en la matière. Ils constituent une force indéniable de production d'idées. Les courants de pensée dont ils sont à l'origine sont disséminés par différents canaux à travers le monde où ils s'implantent d'autant plus qu'ils sont marqués du sceau de l'expertise, de la rationalité, de l'efficacité.

Ces normes d'un nouveau genre obtiendraient une légitimité par l'adhésion du plus grand nombre et s'inséreraient par ajustements successifs au corpus juridique déjà existant. La souplesse de la *soft Law* permet la coexistence de plusieurs ensembles juridiques qui tendent, peu à peu, à la formation d'un nouvel ordonnancement juridique qui répondrait aux défis à relever pour le XXIe siècle. Le pacte de Marrakech pourrait constituer le socle sur lequel se construiraient d'autres normes relatives aux migrations et aux droits des migrants. Celles-ci provenant de différentes instances internationales, nationales et des États, d'ONG ou d'OIG, d'associations locales ou régionales, d'universités, de centres de recherche, s'inscriraient dans le cadre juridique posé par le pacte.

Le droit mondial des migrations, s'il est en mesure de répondre à la complexité du phénomène migratoire et des enjeux qu'il recouvre, suscite néanmoins, quelque scepticisme. La philosophie libéralo-éthique qui caractérise les orientations imprimées par des OIG comme l'OIM ou encore par la commission des migrations des Nations unies, semble reléguer au second plan, les questions de développement liées aux migrations. Cependant, certains auteurs ont dénoncé un nouvel ordre qui tient compte, d'abord et surtout, des intérêts de quelques États et des grandes entreprises dont l'objectif poursuivi est de disposer d'une main-d'œuvre de moins en moins chère. Ils profitent de la mobilité d'une main-d'œuvre constituée de migrants exposés à la précarité, car vivant de plus en plus souvent dans l'illégalité.

Les normes éthiques prônées et défendues au nom des droits de l'Homme, de la dignité de la personne humaine, sont de nature à répondre à l'indignation exprimée par l'opinion publique internationale, au souci d'assister des populations en situation de danger, de vulnérabilité. La réflexion sur les causes à l'origine de cette situation est éludée : la compassion fait place à la recherche de solutions pour sinon éliminer, du moins réduire les inégalités qui continuent de marquer le monde.

S'inscrivant dans ce courant d'idées, certains observateurs ont fait remarquer que la philosophie éthico-libérale prônée par des OIG comme l'OIM ou par la commission des Nations unies pour les migrations avait tendance à reléguer les questions de développement au second plan. Or, le droit mondial des migrations doit répondre aux exigences d'une gouvernance globale, pour un problème devenu mondial. Les premières conventions internationales avaient pour objectif d'apporter une solution à certains aspects inhérents à la migration, en particulier les questions soulevées par la condition des migrants et des membres de leur famille. Les droits de ces derniers réaffirmés, il fallait se pencher sur le sort des migrants irréguliers, souvent la proie de passeurs peu scrupuleux.

Si ces deux instruments internationaux ont constitué une avancée indéniable pour la prise en charge des migrants et des problèmes auxquels ils font face, c'est sans conteste le pacte de Marrakech qui devient la pierre angulaire d'un nouveau droit mondial de la migration, ouvrant des perspectives à une réflexion et de nombreuses pistes de recherche dans ce domaine.

L'approche globale et multi-acteurs est privilégiée. Ainsi, la condition des migrants et de la garantie de leurs droits et de ceux de leur famille, qu'ils soient en situation régulière ou non, est largement prise en compte. Dans le même temps, les devoirs qui incombent à ces derniers, sont rappelés et réaffirmés, donnant ainsi toute sa force à la souveraineté des États. Celle-ci est clairement reconnue, ce qui sous-tend la nécessité pour eux de protéger l'ordre public.

Par ailleurs, la régulation des migrations, le pacte le reconnaît, renvoie à des questions de développement qui mettent en jeu tous les États qui doivent contribuer à la mise en place d'un cadre ordonné des migrations en luttant contre celles qui prennent des canaux illégaux, car elles sont source d'instabilité. Ce texte mentionne également la part que prend la mobilité des compétences. Ce point est d'une importance capitale pour les PED, principaux fournisseurs. Ceux-ci enregistrent des pertes certaines qui, selon un grand nombre d'entre eux, méritent d'être compensées. Il est admis, plus généralement que la mobilité des compétences génère de la richesse, richesse qu'il faut répartir équitablement à travers le monde.

Les migrations internationales ont été longtemps laissées aux forces du marché qui se traduira dans une certaine mesure par le droit de libre circulation reconnu à tous les individus. Pourtant, l'intervention des États se fait de plus en plus prégnante. Ils mettent ainsi en exergue leur pouvoir régalien, lié à leur souveraineté, quant à l'accueil d'étrangers sur leur sol.

Cependant, la pression migratoire, l'apparition et l'accroissement des migrations illégales posent de nouveaux défis au niveau régional et mondial ; les conventions internationales qui, jusque-là, s'étaient cantonnées à des questions ponctuelles se trouvent vite dépassées, posant de manière plus générale la recherche de solution à un problème qui prenait des dimensions nouvelles.

La volonté des différents États directement concernés par les questions migratoires se traduira par la recherche de solutions à l'échelle régionale. Elle se manifestera par la tenue de rencontres régulières, par la mise en place d'espace de discussion, et de concertation qui ont abouti, quelquefois à la signature d'accords bilatéraux.

L'idée qu'un droit international des migrations est en voie de constructions voit le jour, elle est confortée par l'adoption de conventions internationales consacrées aux questions migratoires.

Si la proposition d'un droit des migrations ne semble pas rencontrer d'opposition majeure, il reste néanmoins à en qualifier la nature. Ces différentes normes susceptibles de gérer le phénomène migratoire dans sa globalité, relèvent-elles du droit international des migrations, ou plus d'un droit mondial et multi-acteurs.

CONCLUSION GÉNÉRALE

Les migrations internationales sont considérées comme un bien public mondial, de par leur capacité à générer des richesses, mais aussi à engendrer des problèmes de différente nature. La nécessité de réguler les flux migratoires, toujours plus nombreux, a conduit à penser une nouvelle gouvernance pour un phénomène, devenu mondial.

La mondialisation et la globalisation de l'économie a eu pour conséquence une augmentation des migrations et à leur diversification. Celles-ci ont des incidences sur le développement des pays qu'ils soient pays de destination ou pays d'origine. C'est ainsi que la mobilité des compétences sera encouragée, car elle est porteuse de richesses. En revanche, les migrations irrégulières, dues au sous-développement des pays de départ, essentiellement, des pays pauvres, peuvent être source d'insécurité aussi bien pour les États que pour les migrants eux-mêmes.

L'intervention des économistes, des sociologues, a permis une appréhension du fait migratoire, dans sa globalité. C'est, dans le cadre de cette approche multi disciplinaire (ou transdisciplinaire) que le juriste apportera sa contribution, en s'intéressant de plus près aux questions de droit qui sont nombreuses et qui méritent d'être étudiées.

La question fondamentale est, sans conteste, la portée du droit de libre circulation. Considérée jusqu'ici, essentiellement, comme le droit d'émigrer, la libre circulation doit être envisagée, dorénavant, dans le nouveau contexte mondial où s'inscrivent les migrations. La persistance du phénomène migratoire dans le « village global » a conduit à appréhender celui-ci non plus sous l'angle de la libre circulation, mais sous celui de la mobilité.

Dans ce contexte, la question du droit d'immigrer prend toute son importance. Alors que le droit d'émigrer était déjà admis, celui d'immigrer demeure attaché à la souveraineté des États qui discrétionnairement, accepteront ou refuseront, l'entrée de migrants sur leur sol.

Les migrants, à l'heure actuelle, s'arrogent le droit d'immigrer, s'opposant aux autorités des pays receveurs, en choisissant l'illégalité.

Cette situation nouvelle fait naître des discussions, souvent passionnées, sur les politiques migratoires mises en œuvre par les États pays d'accueil, pays de départ. Les premiers adoptent des politiques restrictives et sélectives qui limitent de manière drastique l'entrée de migrants sur leur territoire, par des mesures dissuasives et répressives. Les seconds optent, pour une grande partie d'entre eux, pour une pénalisation de l'émigration illégale, considérée comme une infraction.

Le choix de législations rigoureuses, au nom de la sécurité, se heurte à la nécessité de protéger des populations en souffrance et en danger.

Une réponse du droit, aux situations économiques et sociales, s'impose. Le droit international classique qui avait abordé la situation des migrants, de façon partielle et ponctuelle, a montré ses limites. L'adoption de politiques migratoires par les États, la multiplication des accords bilatéraux dont l'objectif essentiel est la lutte contre les migrations irrégulières constituent les premiers éléments d'un droit international des migrations dont la spécificité est d'appréhender l'ensemble des problèmes inhérents à la migration. C'est sans doute avec, l'adoption par l'ONU de la convention sur les droits de tous les travailleurs migrants et de leur famille, que cette nouvelle branche du droit international s'impose. À celle-ci s'ajoute le protocole sur la lutte contre le trafic des migrants par terre, air et mer, additif à la convention de Palerme. Enfin, plus récemment, le pacte sur l'immigration (Marrakech) donne au droit des migrations une vocation mondiale. Bien que non contraignant, cet instrument international précise les différentes orientations en matière de coopération entre les pays, d'origine, de transit et d'accueil en vue de réguler les flux migratoires.

Par ailleurs, il met en lumière les différents aspects de la protection des migrants, que chaque État signataire s'engage à prendre en charge : refoulement, rétention et expulsion des migrants, regroupement familial, statut des enfants mineurs accompagnés ou non d'un adulte, l'intégration, accès aux services de base tels que l'éducation et la santé, droits syndicaux pour les travailleurs réguliers ou irréguliers. Enfin, il met l'accent sur la nécessité d'harmoniser des concepts tels que migrants, réfugié politique, économique, climatique.

L'ensemble des éléments contenus dans le pacte de Marrakech sont autant de champs d'investigation qu'il revient aux juristes d'investir, autant de questions qui méritent d'être étudiées.

BIBLIOGRAPHIE

Ouvrages et articles

Ambrosini M., « Migrants dans l'ombre. Causes, dynamiques, politique de l'immigration irrégulière », *Revue européenne des migrations internationales*, vol. 26, n° 2, 2010, p. 7-32.

Arditis S., « Pour une régulation concertée des courants de compétences entre pays en développement et pays d'emploi », *Revue européenne des migrations internationales*, vol. 1, n° 1, 1985, p. 103-121.

Badi B., Bauman R., Decour E., « Pour un autre regard sur les migrations : construire une gouvernance mondiale », La Découverte, Paris, 2008.

Beitone A., Buisson E., Dollo C., Le Masson E., *Économie*, collection Aide-mémoire, Dalloz, Paris, 2001.

Bhabha J., « Moving children : lacunae in contemporary human rights protections for migrant children and adolescents », *Revue européenne des migrations internationales*, 2014, p. 37-57.

Bhagwati J., « Le transfert inverse de technologie : son ampleur, ses conséquences et ses incidences en matière de politique générale ». Conseil du commerce et du développement, CNUCED, Nations unies, 1977, TD/B/C6/7.

Chetail C., « Code du droit international des migrations », 2008, Bruylant, Bruxelles.

Costa-Lascoux J., « Politiques migratoires et droits de l'homme », *in* « Trente ans de libre circulation des travailleurs », Actes du colloque de Paris du 10 octobre 1997 sous la direction de Bonnechère M., Paris, 1998, p. 179.

Delacroix D., Docquier F., « Migrations des travailleurs pauvres : une vision mondiale » in *Regards croisés sur l'économie*, 2010/2 (n° 8), p. 170-179.

Derruau Max, *Géographie humaine*, Collection « U », Armand Colin, Paris, 1991.

Devillard A., « Migration circulaire, au-delà des promesses, quels risques, quelles opportunités ? » OIM/GIP International, 2011.

Fibbi R., « L'approche transnationale dans l'étude des migrations », *in* Nedelcu M. (dir.), *La mobilité internationale des compétences : situations récentes, approches nouvelles*, Colloque de Genève, L'Harmattan, Paris, 2004.

Flipo F., *Le développement durable*, 3e édition, Éditions Bréal, collection Thèmes & Débats, Paris, 2014.

Jouve E., « Le tiers-monde dans la vie internationale », Monde en devenir, Berger-Levrault, Paris, 1983, p. 90-91.

Kaspi A., Demetrios G. Papademetriou, Yale-Loehr S., « Balaveing interests : rethinking US selection of skilled immigrants », Ed. Carnegie Endowment for international peace, Washington, 1996.

Ktistakis Y., « La protection des migrants au titre de la convention européenne des droits de l'homme et de la charte sociale européenne », Conseil de l'Europe, Bruxelles, février 2014.

Guigou J.-L., Almeras G., Jolly C., Kawakibi S., « Méditerranée 2030. Rapport de l'Institut de Prospective économique du Monde méditerranéen » IPIMED, Paris, 2009.

Guillochon B., La mondialisation, une seule planète, des projets divergents, Petite encyclopédie Larousse, Paris, 2009.

Harter H., Durpair F., Lherm A., *La civilisation américaine*, PUF, Paris, 2004.

Lacoste Y., « Géographie du sous-développement », Magellan, PUF, Paris, 1965.

Lamy P., « La bonne gouvernance publique et privée dans le contexte de la mondialisation », Séminaire OSCE, Bruxelles, 30 janvier 2001.

Le Bras H., Dumont G-F., « Doit-on contrôler l'immigration », Éditions Prométhée - UGA (Université de Grenoble Alpes), 2009.

Lecadet C., Champpart P., « Les expulsés, leur voix, leurs droits », *Plein Droit* n° 107, décembre 2015, p. 3.

Le Goulven K., « Les biens publics mondiaux comme une solution aux défis politiques du XXIe siècle », *in* Constantin F. (dir.), *Les biens publics mondiaux*, L'Harmattan, Paris, 2002.

Le Roy J., « Les droits de l'homme entre universalisme hâtif et le ghetto des particularismes culturels », *in* « Effectivité des droits fondamentaux dans les pays de la communauté francophone », colloque international Port Louis, Maurice, septembre, octobre 1993, Aupelf-Uref, Montréal, Québec, Canada, 1994.

Leveau R., Wihtol de Wenden C., Mohsen-Finan K. (dir.), « Nouvelle citoyenneté : réfugiés sans papiers dans l'espace européen », IFRI (Institut français des Relations internationales), Paris, 2001.

Lucas R.E.B., « Intégrer les questions migratoires dans la planification du développement », in *Cahiers des migrations internationales* n° 93F, Programme des migrations internationales, BIT, Genève, 2009.

Merlant Ph., Passet R., Robin J., « Sortir de l'économisme, une alternative au capitalisme néolibéral », Éditions de l'atelier, Paris, 2003.

Miaille M., « L'état du droit à la mobilité », *Migration Société*, 209/1 (n° 121), p. 89-104.

« Migrations, transnationalisme et diaspora : théorie et études de cas », Numéro spécial, *Revue Européenne des Migrations internationales*, 2012/2 (vol. 28).

Ottavy E, et Clochard O., « Franchir les dispositifs établis par FRONTEX. Coopérations policières transfrontalières et refoulements en mer Egée », *Revue Européenne des migrations internationales*, 2014, 30 (2), p. 137-156.

Rajaonah V., « Réflexions sur le rôle de l'État pour la promotion d'un nouvel ordre mondial », *in* Unesco, Réunion d'experts sur les droits et devoirs découlant pour les États et les groupes de l'établissement d'un nouvel ordre économique et culturel international ; Paris, 10-13 avril 1978 (Doc SS.78/CONF.604/8, 10 avril 1978).

Sacquet A-N., *Atlas mondial du développement durable*, Coll. Atlas/Monde, Autrement, Paris, 2002.

Smati M., « Le nouveau modèle algérien de consommation et ses rapports avec la technologie », *Revue de sociologie*, Université d'Alger, 1986 n° 2, p. 45-46.

Serrurier E., « L'évolution du droit au développement devant les juridictions et quasi-juridictions régionales africaines », *Revue Tiers Monde*, n° 226-227, 2016, p. 173-192.

Stahl C., « Aperçu des perspectives économiques », *in* Apple Yard R. (dir.) « The impact of international migration on third word development » ICM, Genève, 5-7 juin 1984.

Tavernier Y., « Comment les différentes organisations internationales intègrent-elles les biens publics mondiaux dans leurs stratégies ? », *in* Constantin F. (dir.), *Les biens publics mondiaux, un mythe légitimateur pour l'action collective ?* L'Harmattan, Paris, 2002.

Tarri M., « Short term skilled movements and economic growth », *International migration* n° 3, 2008, p. 161-185.

Wesseling H., *Le partage de l'Afrique*, Denoël, Paris, 2002.

Withol de Wenden C., *Le droit d'émigrer*, CNRS éditions, 2013.

Zigler J., *Main basse sur l'Afrique*, Le Seuil, coll. Combats, Paris, 1978.

Documents d'institutions et d'organisations internationales

BIT, « Labour migration for integration and development in Africa International program », Geneva, 6 juin 2007, http//migration – Africa. Itcilo. Org/studies/study_list.

BIT, Déclaration universelle des Droits de l'Homme (article 23) et la recommandation n° 122 sur la politique de l'emploi, BIT, Genève, 15 juin 1964.

http://www.ilo.org/global/about-the-ilo/multimedia/maps-and-charts/enhanced/WCMS_514559/lang--en/index.htm

BIT, « Travailleurs migrants », Conférence internationale du Travail, 87e session, Genève, 1999.

http://www.ilo.org/global/about-the-ilo/multimedia/maps-and-charts/enhanced/WCMS_514559/lang--en/index.htm

BIT, Convention du BIT n° 143 sur les travailleurs migrants, adoptée en 1975 et entrée en vigueur en 1978.

Banque mondiale, « Pour une meilleure gouvernance dans les pays du Moyen-Orient et l'Afrique du Nord : renforcer l'inclusion sociale et la responsabilité », Éditions ESKA, 2004, 279 p.

Banque Mondiale, http://www.banquemondiale.org/fr/news/press-release/2017/04/21/remittances-to-developing-countries-decline-for-second-consecutive-year

CNUCED, *Conseil du commerce et du développement*, « Le transfert inverse de technologie : son ampleur, ses conséquences et ses incidences en matière de politique générale », CNUCED, Nations unies, New York, 1977 TD/B/C. 6/7.

OCDE, « Perspective des migrations internationales : mobiliser les compétences des migrants au service de la réussite économique », Édition Paris OCDE, 2014, p. 18-19.

OCDE, « Les Migrations internationales et le SOPEMI », www.oecd.org/migrations/pmi, OCDE, 2011.

OCDE, « *Les migrations internationales en chiffres* », OCDE-Nations Unies/DAES, octobre 2013.
in http://www.oecd.org/fr/els/mig/les-migrations-internationales-en-chiffres.pdfusion Québec, 2014, p. 5, *in* http://www.immigration-quebec.gouv.qc.ca

OCDE, « *Il faut adapter les politiques d'immigration aux besoins futurs* », OCDE, 09/11/2008, www.oecd.org

OCDE, « La cohérence des politiques au service du développement : migrations et pays en développement », *Perspectives des migrations internationales*, Centre de développement de l'OCDE, Paris, 2007.

OCDE SOPEMI, « Tendances des migrations internationales-rapport 1996 », OCDE, Paris, 1997, p. 50.

O.I.M, « *Managing migration : Challenges and responses for people on the move* », World Migration, 2003, p. 276.

ONUDI, Résolution 4e (XI) : Coopération internationale en matière de transfert de technologie. 11e session du 23 mai au 6 juin 1977.

ONU- Résolution 3201/15 (VI) de l'Assemblée générale - 1er mai 1974 - 3202/sur l'instauration d'un NOEI et résolution 3281 (XXXIX) de l'Assemblée générale - 19 décembre 1974 : « Charte des droits et devoirs économiques des États ».

ONU- Amélioration des statistiques relatives à l'exode du personnel qualifié des P.V.D vers les P.D., Rapport technique, ONU, New York, 1980, SER F 130.

ONU- Principes et recommandations concernant le recensement de population de 1970, Bureau des statistiques des Nations unies des affaires économiques et sociales, New York, 1968, St/Stat/SERIM/44

ONU-Rapport sur les migrations de remplacement, Division de la population, Nations unies, https://www.un.org/press/fr/2000/20000320.pop713.doc.html, 20 mars 2000.

ONU-Résolution 1 515 (XV) de l'Assemblée générale des Nations unies relative à « l'Action concertée en vue du développement économique des pays économiquement sous-développés », 15/12/1960.

ONU-Déclaration du millénaire (AG des Nations unies, septembre 2000, document A/RES/55/2), Objectifs du millénaire pour le développement (OMD).

ONU- « L'industrialisation et l'urbanisation au service de la transformation de l'Afrique », Rapport économique sur l'Afrique, Nations unies, Commission économique pour l'Afrique, 2017.

ONU- « Coopération entre P.V.D.3 », Buenos Aires, 1978, A/Conf/79/18/Rev.

ONU- « Le transfert inverse de technologie : son ampleur, ses causes, ses conséquences et ses incidences en matière de politique générale », Genève, Nations unies, 1975, TD/B/C. 6/47 p. 5-6 et suivantes.

ONU-http://www.un.org/africarenewal/fr/magazine/october-2005/transferts-de-fonds-une-aubaine-pour-le-d%C3%A9veloppement

ONU-Rapport sur les tendances mondiales pour l'année 2017 de l'Agence des Nations unies pour les Réfugiés.

ONU-Résolution 1373 (2001) du conseil de sécurité des Nations unies portant création du comité contre le terrorisme.

ONU-Résolution de l'Assemblée générale 2200 du 16 décembre 1966.

ONU-Résolution 32/192 de l'Assemblée générale du 21 décembre 1977 « Aspects du transfert inverse de technologie relatifs au développement ».

ONU-Résolution 1904 (LVII) du 1er août 1974 - « Exode du personnel qualifié des pays en voie de développement vers les pays développés ».

Documents divers

Règlement (CEE) N° 862/2007 du Parlement européen et du Conseil du 11 juillet 2007 relatif aux statistiques communautaires sur la migration et la protection internationale et abrogeant le règlement (CEE), n° 311/76 du Conseil relatif à l'établissement de statistiques concernant les travailleurs étrangers.

Décision n° 575/2007/CE du Parlement Européen et du Conseil du 23 mai 2004 portant création du fonds européen pour le retour pour la période 2008-2013 dans le cadre du programme général solidarité et gestion des flux migratoires.

Synthèse de la Communication de la Commission au Conseil, au Parlement européen, au Comité économique et social européen et au Comité des régions, du 4 juin 2004, intitulée « Étude des liens entre immigration légale et immigration clandestine » http://europa.eu/legislation_summaries/justice_freedom_security/free_movement_of_persons_asylum_immigration/l33191c_fr.htm

Rapport de la commission mondiale sur les migrations internationales « Les migrations dans un monde interconnecté : nouvelles perspectives d'action », octobre 2005, www.gcim.org/fr/

Note sur les migrants publiée par le Conseil pontifical pour la pastorale des migrants et des personnes en déplacement à l'occasion de la publication du message du pape François pour la Journée mondiale du migrant et du réfugié, le 17 janvier 2016, *in* https://fr.zenit.org/articles/les-chiffres-des-migrations-dans-le-monde/

Rapport Oxfam 2018 « Partager la richesse avec celles et ceux qui la créent », www.oxfam.org

« L'ONU appelle à combattre la faim, la pauvreté et les conflits pour que la migration devienne un choix », https:/refuges migrants.un.org

Girardin B., ministre française déléguée à la Coopération, au Développement et à la Francophonie,

www.map.ma/mapfr/far/textes/migration-codevelop-ministre.htm

Document « Génération Méditerranée », 03 avril 2007, www.animaweb.org/réseaux et ressources/documents.

« Migration temporaire et circulaire : résultats empiriques, pratiques politiques et options qui se présentent », Étude élaborée par me Point de contact français du Réseau européen des migrations, *in* http:/www.immigration.intérieur.gouv.fr/content/download/33568/250897/file/18_Etude_PCNfrançais_migration_temporaire_circulaire.pdf, p. 6.

Droit international du Développement, Colloque d'Alger du 11 au 14 octobre 1976, I.P.A Alger, 1978.

« COP 24 : des règles communes adoptées, mais un texte final sans ambition », https:/www.france24.com

« Greta Thunberg et les jeunes marchent pour le climat à Paris » www.lemonde.fr

http://www.huffpostmaghreb.com/2017/04/22/fonds-algerie_n_16164706.html

El Watan du 11 juillet 2017 « Abdelkader Messahel : l'immigration clandestine est une menace pour la sécurité nationale ».

Travaux du forum sur la migration clandestine (Alger les 19 et 20 janvier 2019), www;aps.dz:algérie.

El Watan du 06 septembre 2018 « Frontière algérienne : plus de 400 migrants sauvés dans le désert du Niger », www.elwatan.com

« Un an après le naufrage de Lampedusa, une forme d'impuissance politique et diplomatique », *Le Monde* du 3 octobre 2014, www.lemonde.fr

« Allemagne. Faciliter l'immigration, une solution à la pénurie de main-d'œuvre qualifiée », *Courrier international*, 4 octobre 2018, www.courrierinternational.com

« En Afrique, la corruption sape les bases de la démocratie », 6 février 2019, https://www.lemonde.fr

El Moudjahid du 4 juillet 2018, « Les migrants illégaux nigériens regagnent leur pays : l'Algérie a pleinement rempli son devoir humanitaire ».

« Libye : des migrants vendus aux enchères comme esclaves », *Le Monde* du 15 novembre 2017.

TABLE DES MATIÈRES

Structures éditoriales du groupe L'Harmattan

L'Harmattan Italie
Via degli Artisti, 15
10124 Torino
harmattan.italia@gmail.com

L'Harmattan Hongrie
Kossuth l. u. 14-16.
1053 Budapest
harmattan@harmattan.hu

L'Harmattan Sénégal
10 VDN SICAP AMITIE 3
BP 45034 Dakar-Fann
direction@senharmattan.com

L'Harmattan Cameroun
Tsinga/Derrière polyclinique FECAFOOT
BP 11486 Yaoundé
Jacques.koukam@harmattan.fr

L'Harmattan Burkina Faso
Villa 281, secteur 23 623, rue 14.32
Ouagadougou
zagbie@outlook.fr

L'Harmattan Guinée
Almamya, rue KA 028 OKB Agency
BP 3470 Conakry
harmattanguinee@yahoo.fr

L'Harmattan RDC
185, avenue Nyangwe
Commune de Lingwala – Kinshasa
matangilamusadila@yahoo.fr

L'Harmattan Congo
219, avenue Nelson Mandela
BP 2874 Brazzaville
deunovmikhael@gmail.com

L'Harmattan Mali
Immeuble Mgr Jean Marie Cissé
Aci Hamadallaye
BP 145 Bamako
syllaka@yahoo.fr

L'Harmattan Togo
Djidjole – Maison Amela
face EPP BATOME
02 BP 20680 Lomé
didieramela11@gmail.com

L'Harmattan Côte d'Ivoire
Résidence Karl – Cité des Arts
Abidjan-Cocody
03 BP 1588 Abidjan
harmattan.ivoire@gmail.com

L'Harmattan Bénin
Rue 604, (Immeuble à l'entrée
de la rue UCAO- Cite de Saint-Jean)
Cotonou
stepcorpus@gmail.com

Nos librairies en France

Librairie internationale
16, rue des Écoles
75005 Paris
librairie.internationale@harmattan.fr
01 40 46 79 11
www.librairieharmattan.com

Librairie des savoirs
21, rue des Écoles
75005 Paris
librairie.sh@harmattan.fr
01 46 34 13 71
www.librairieharmattansh.com

www.ingramcontent.com/pod-product-compliance
Lightning Source LLC
LaVergne TN
LVHW011008061026
849535LV00006B/1771
* 9 7 8 2 1 4 0 4 9 8 2 6 8 *